山田全自動でござる

もくじ

山田全自動

YAMADA ZENJIDO

イラストレーター、ウェブデザイナー。
佐賀出身福岡在住。
独学で浮世絵を学び、iPadで描くデジタル浮世絵師。
Instagramで浮世絵イラストに一言ネタを添えた
作品を毎日投稿中。

第一章　おふぃすあるあるで候

年配の上司のパソコンを
見たらまだイルカがいた

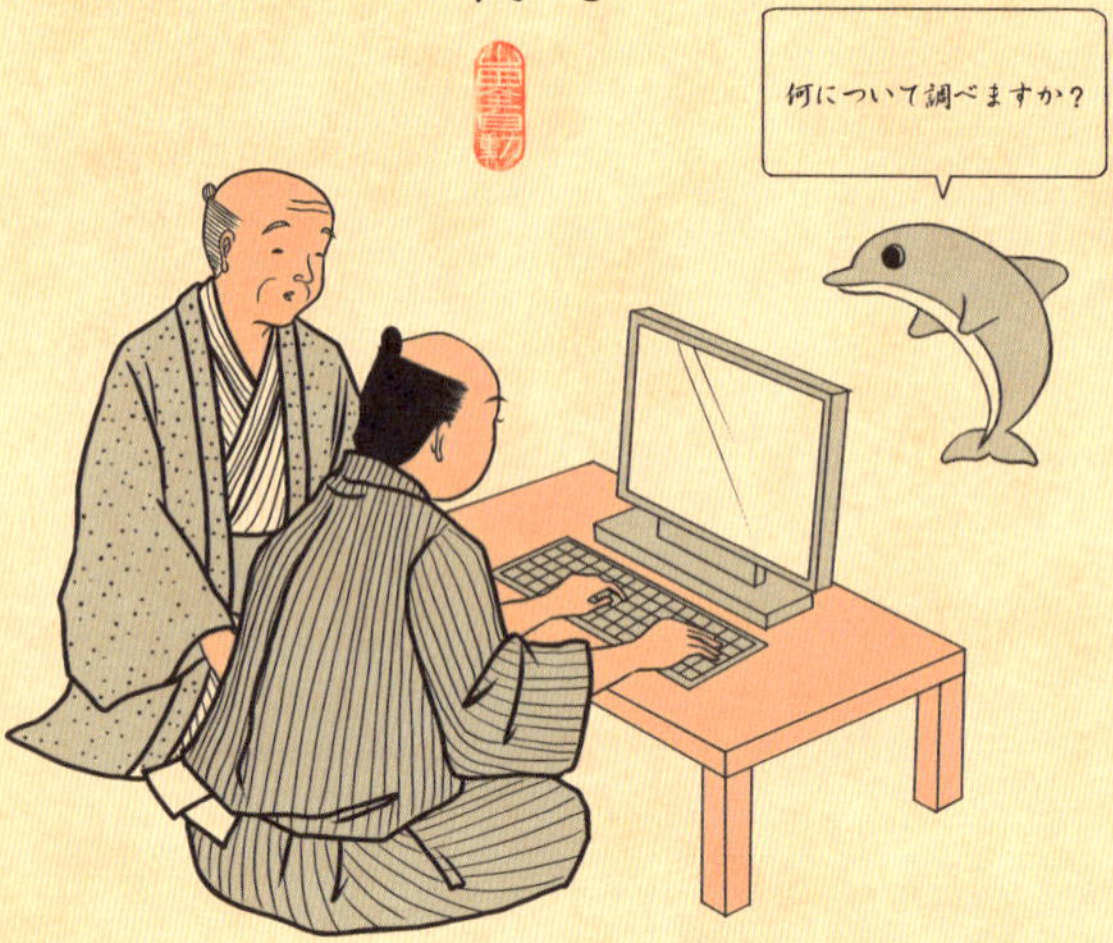

まだ絶滅していなかったでござるか

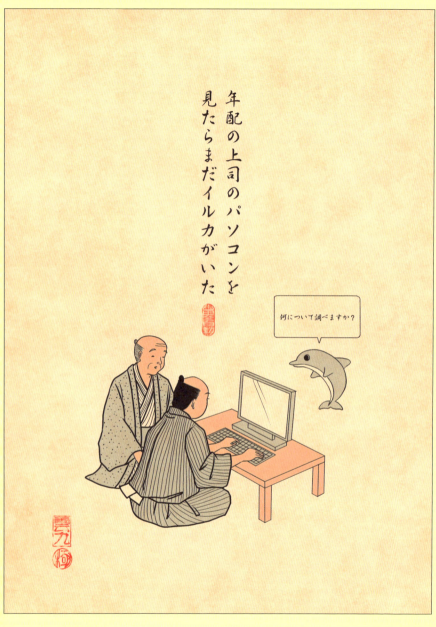

自己紹介で緊張しすぎて
自分の名前を「思います」
と言った新入社員

自分の名前は覚えとくでござる

上司が青ざめた様子で
「ローマ字しか入力できなくなる
ウイルスに感染したかも・・・」
と言ってきた

入力モードを確認するでござる

エナジードリンクに
余裕勝ちする眠気

負ける気がしないでござる

用紙をモニターに当てながら
「A4サイズに指定したのに
A4サイズに表示されない」
と騒ぐ上司

モニター上に A4 で表示されるということではないでござる

ダジャレ好きな上司に
取り入ろうとダジャレを
言ってみたら愛想笑いされた

・・・・・・・。

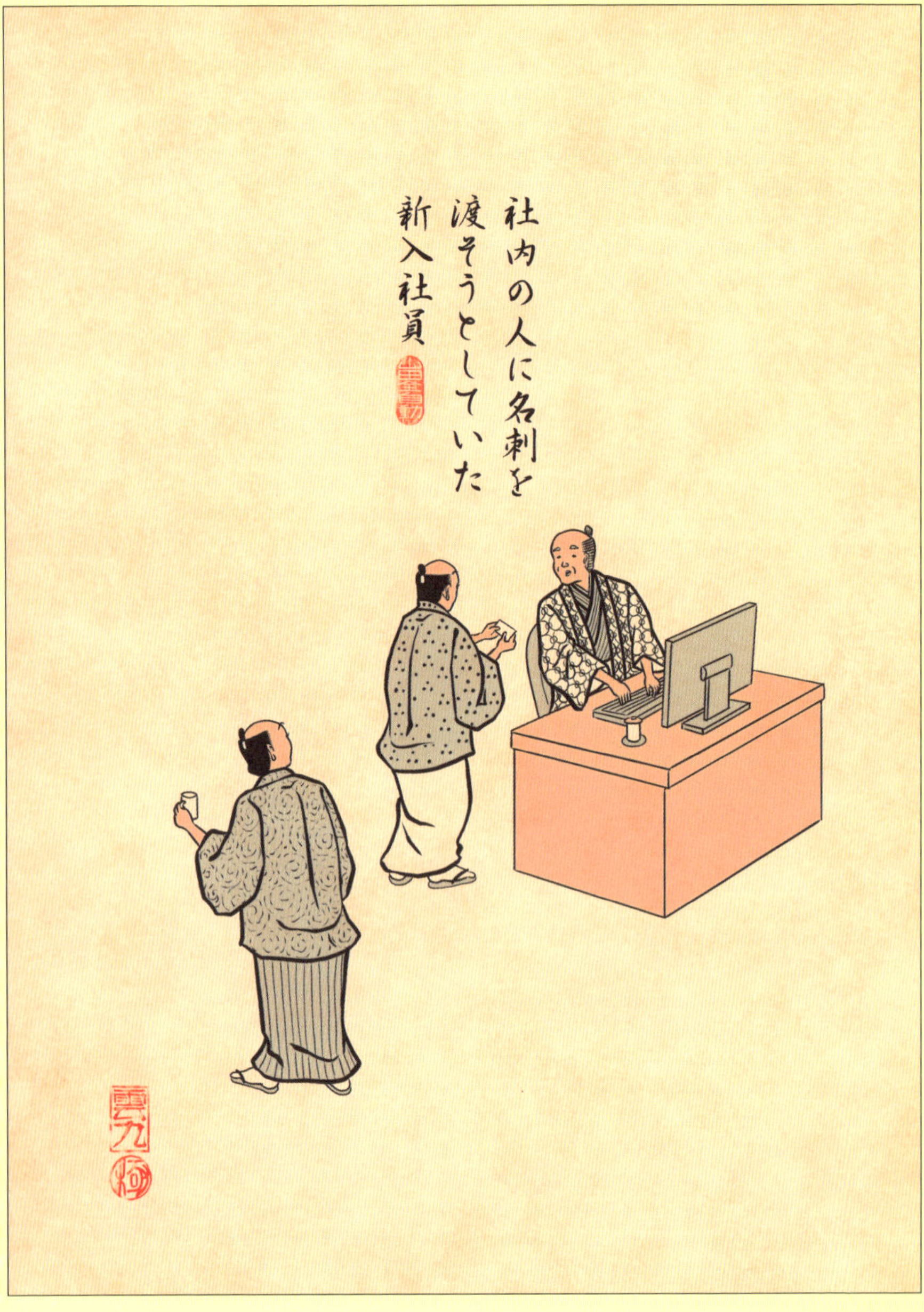
社内の人に名刺を
渡そうとしていた
新入社員

普通同じ会社の人には渡さないものでござるぞ

さっき意味を教えた横文字をさっそく使ってる上司
君はモチベーションが
低いんだよモチベーションが！

吸収力ハンパないでござる

プロジェクターが
額に当たってることに
気づかずに熱弁する上司

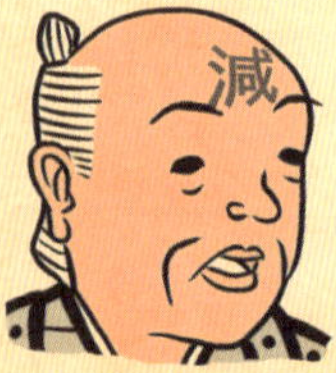

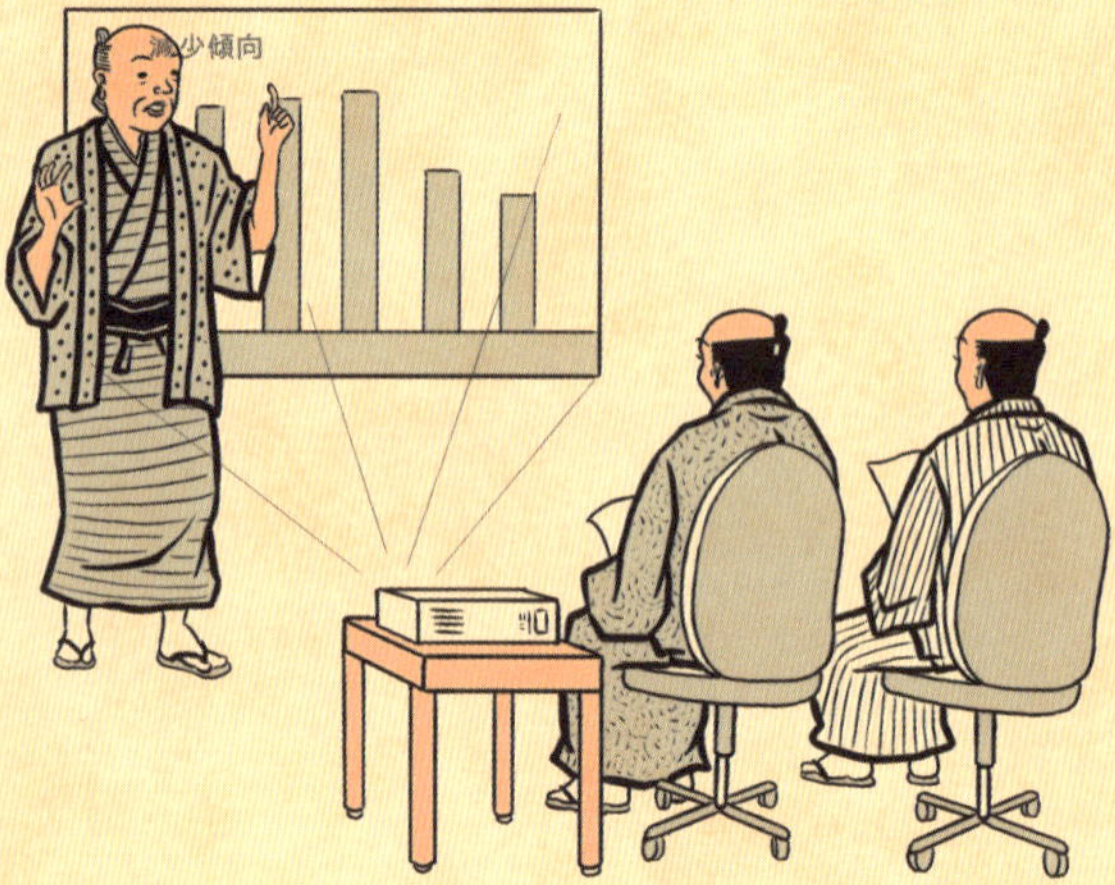

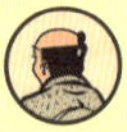

笑いをこらえるのに必死でござる

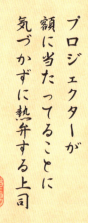

芸能情報サイトの記事を
素早くワードにコピペし
仕事してる雰囲気で熟読

時々キーボードに手を当てるなどの小芝居も欠かさないでござる

第二章　ともだちあるあるで候

友達が突然
サングラスで現れて
触れるべきか迷う

「おつかれ〜」と自然な感じで話しかけてきたでござる

ヤンキーなのに
自分よりバツグンに字が
うまかった時の敗北感

なぜか妙に悔しいでござる

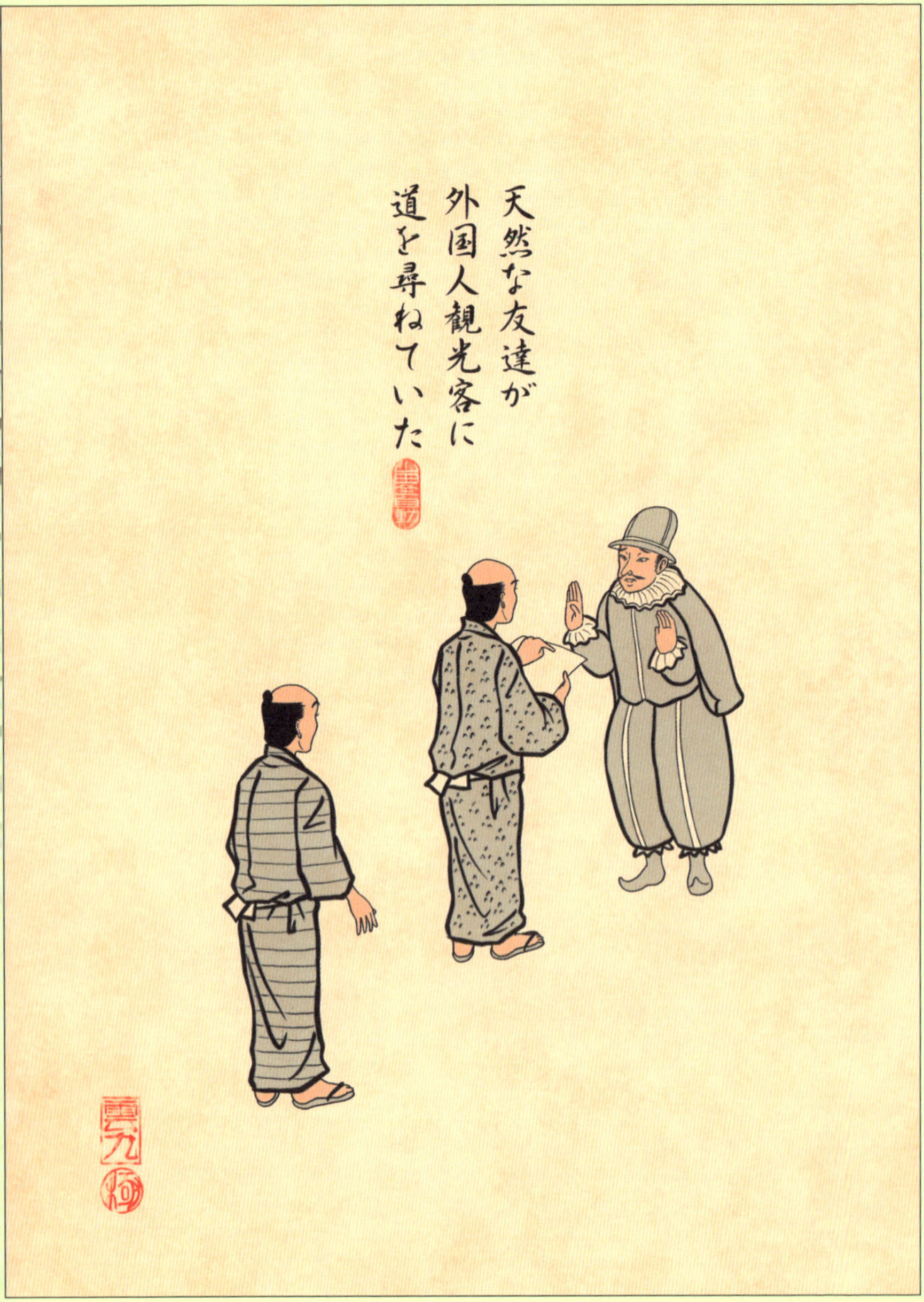

こっちはむしろ尋ねられる側でござる

十二時間も寝てしまったと
話していると自分は十五時間
寝たことがあると何故か
張り合ってくるやつ

勝ち負けの話ではないでござる

よく聞こえなかったので
とりあえず笑ったら
どうやら笑うタイミングでは
なかった時の気まずさ

明らかに表情が曇ったでござる

友人が遊びに来る時
自己啓発系の本をそっと隠す

なんとなく恥ずかしいでござる

あいつ地元の友達の前だと
全然キャラ違う

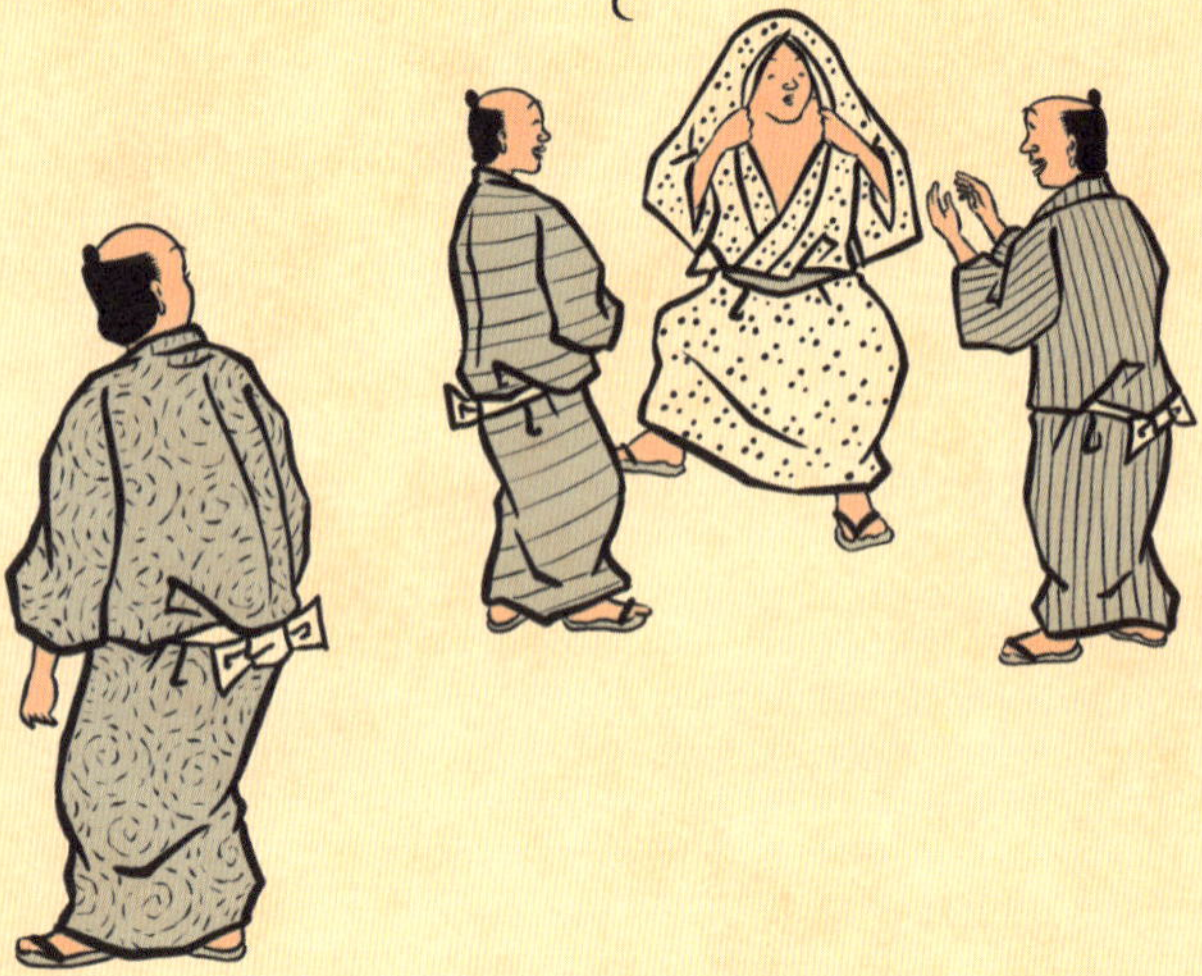

普段はおとなしいやつでござる

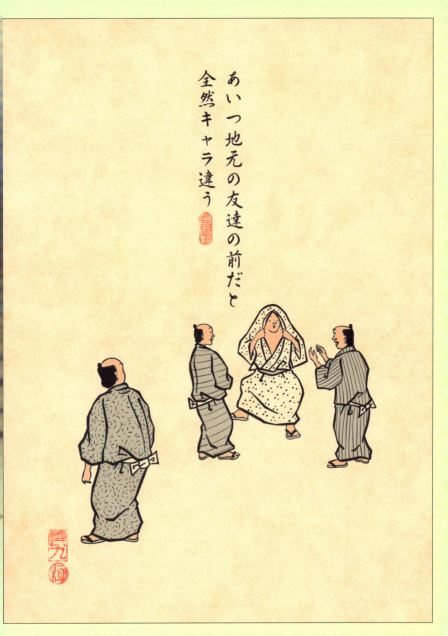

貸した消しゴムを躊躇なく
カドから使われた時の怒り

カドは希少部位でござる

年下だと思ってタメ口で
話していたら途中で年上だと
いうことが発覚してできる限り
自然に敬語に切り替える

少しずつ敬語を挟み込んでいくでござる

友達と
友達の友達との飲み会で
友達が遅刻

気まずいでござる…

第三章　きっずあるあるで候

子供がはしゃいでたので
一緒にはしゃいでみたら
既に次の遊びに移行してた

展開早いでござる

子供の頃の高いところから
飛べたやつが偉いという風潮

高ければ高いほどモテたでござる

赤ちゃんの手から
チョココロネを連想する

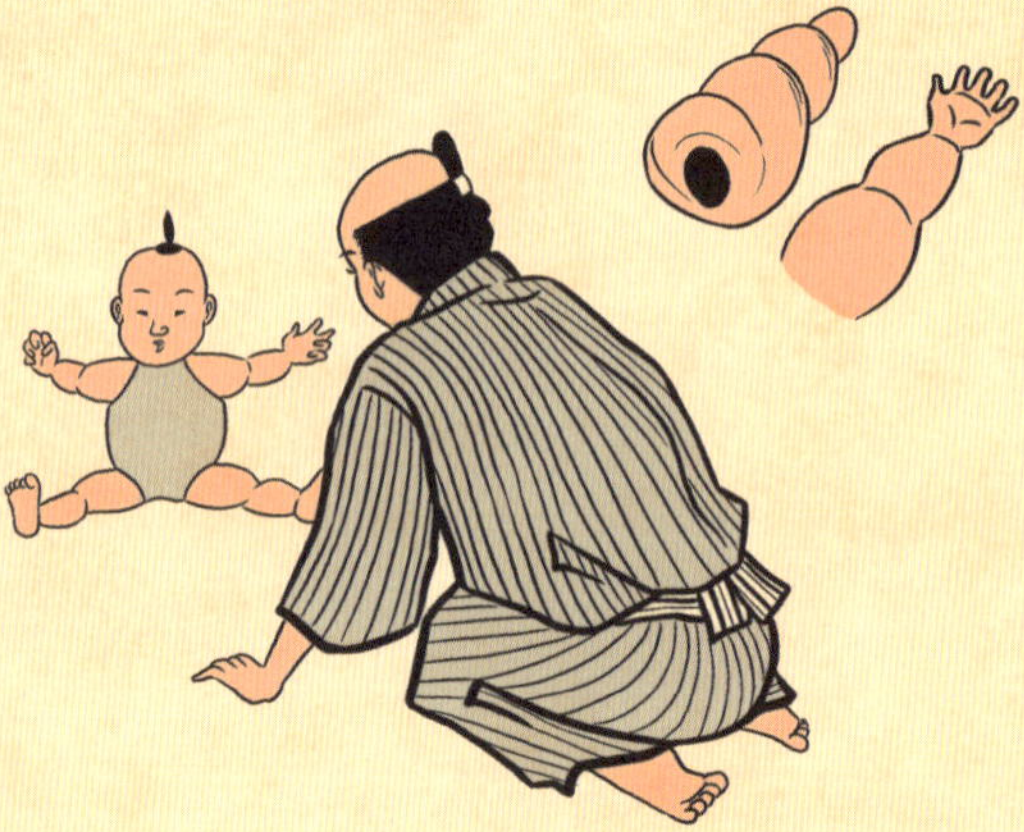

関節の部分が絶妙にパンっぽさを演出してるでござる

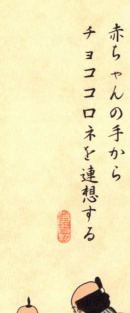

コミカルなダンスを
リクエストされたからやったのに
なぜかドン引きされた

理不尽でござる

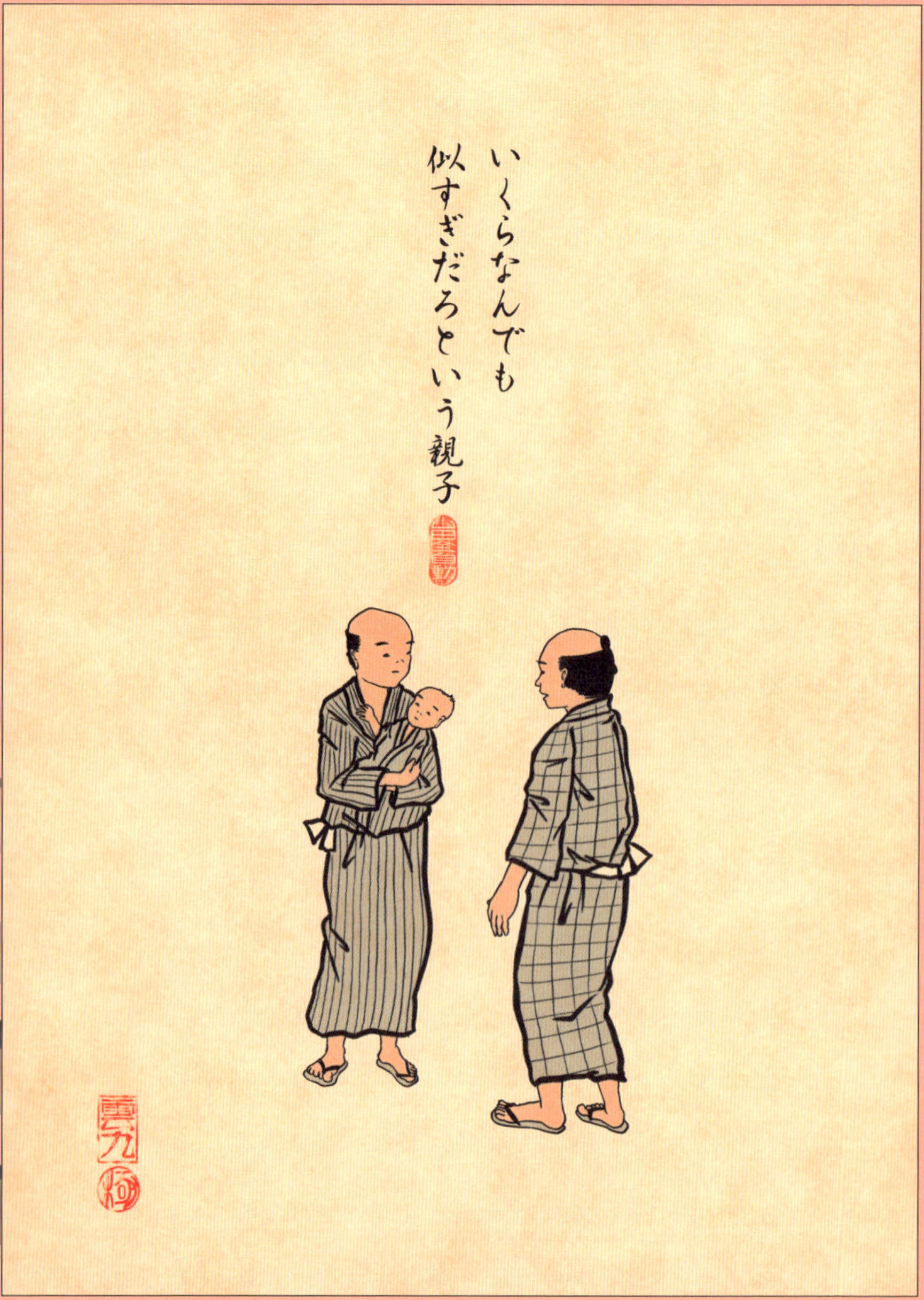
いくらなんでも
似すぎだろという親子

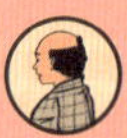

奥さんの要素ゼロでござる

子供向けの番組に
自分の方が夢中になる

最近のやつは大人が見ても面白いクオリティーでござる

図工の時間になると
とてつもないポテンシャルを
発揮するやつ

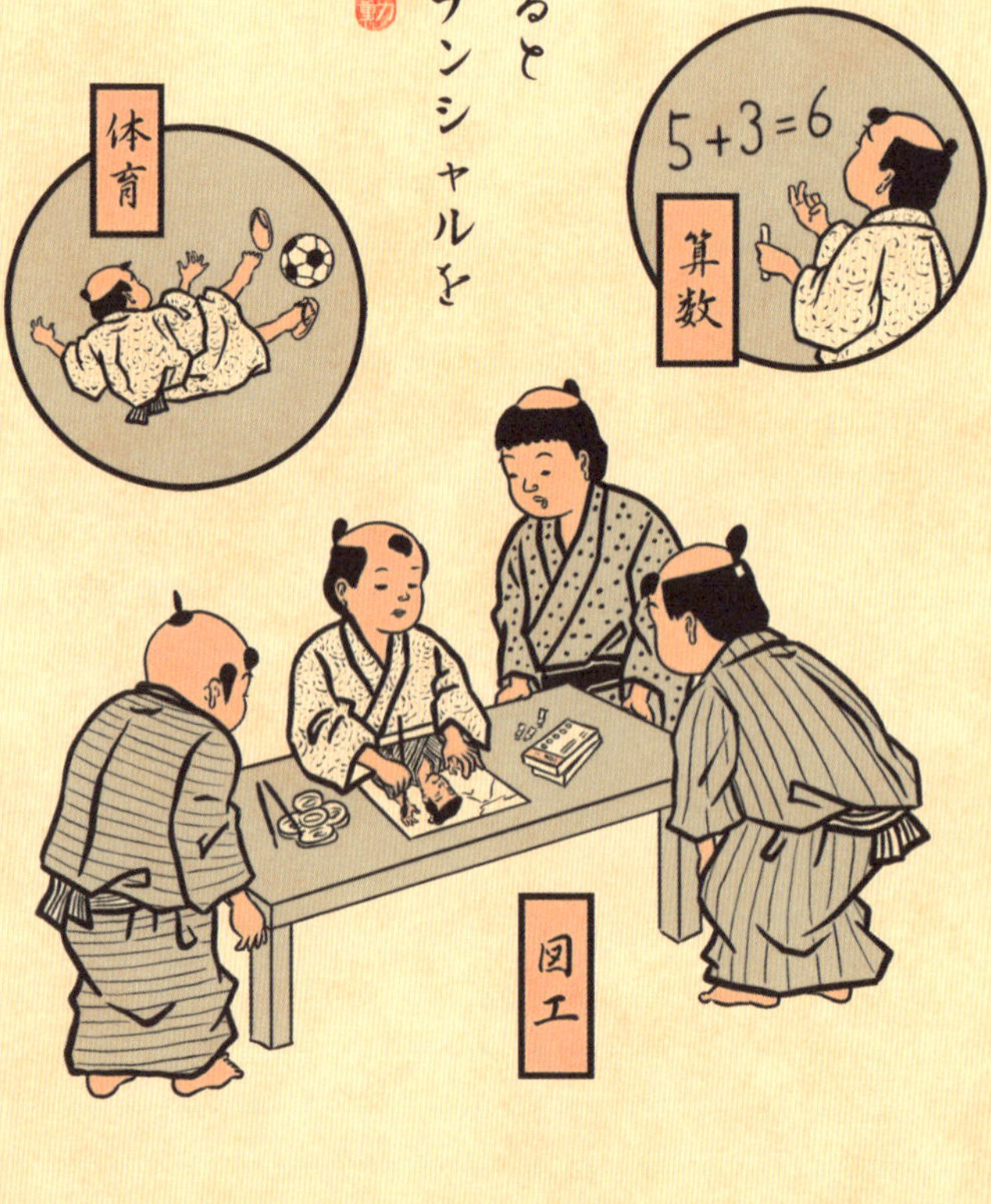

かたよりがすごいでござる

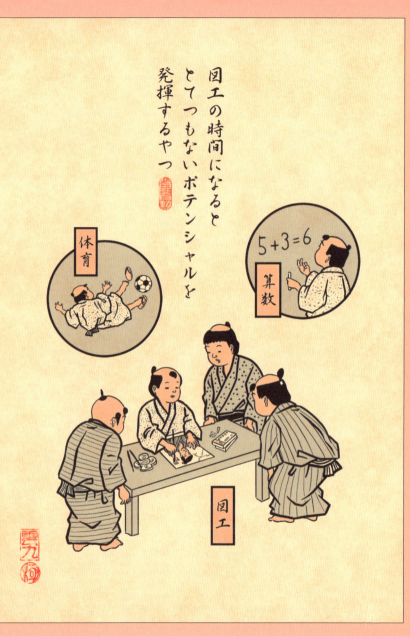

子供がじっと見つめてきたので
微笑みかけてみたが一ミリの
反応も返ってこなかった

引き際が難しいでござる

テレパシー的なものでござるか

かくれんぼをしようと言われ
見つけないまま放置された

そうとは知らず息を潜めて隠れてたでござる

ちょっと一息四コマ俳句

それっぽい

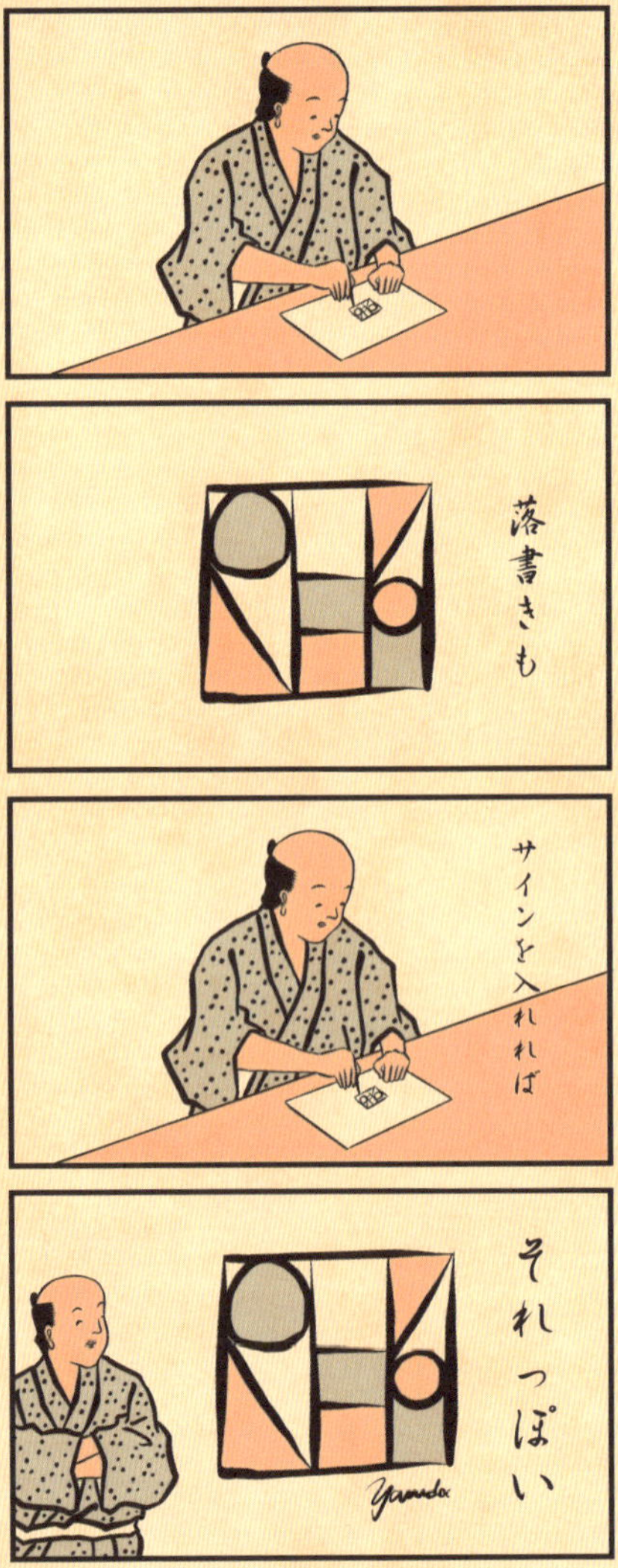
落書きも
サインを入れれば
それっぽい
Yamada

第四章　ぺっとあるあるで候

犬が懐いてきて
喜んでいたら誰にでも
見境なしに懐いていた

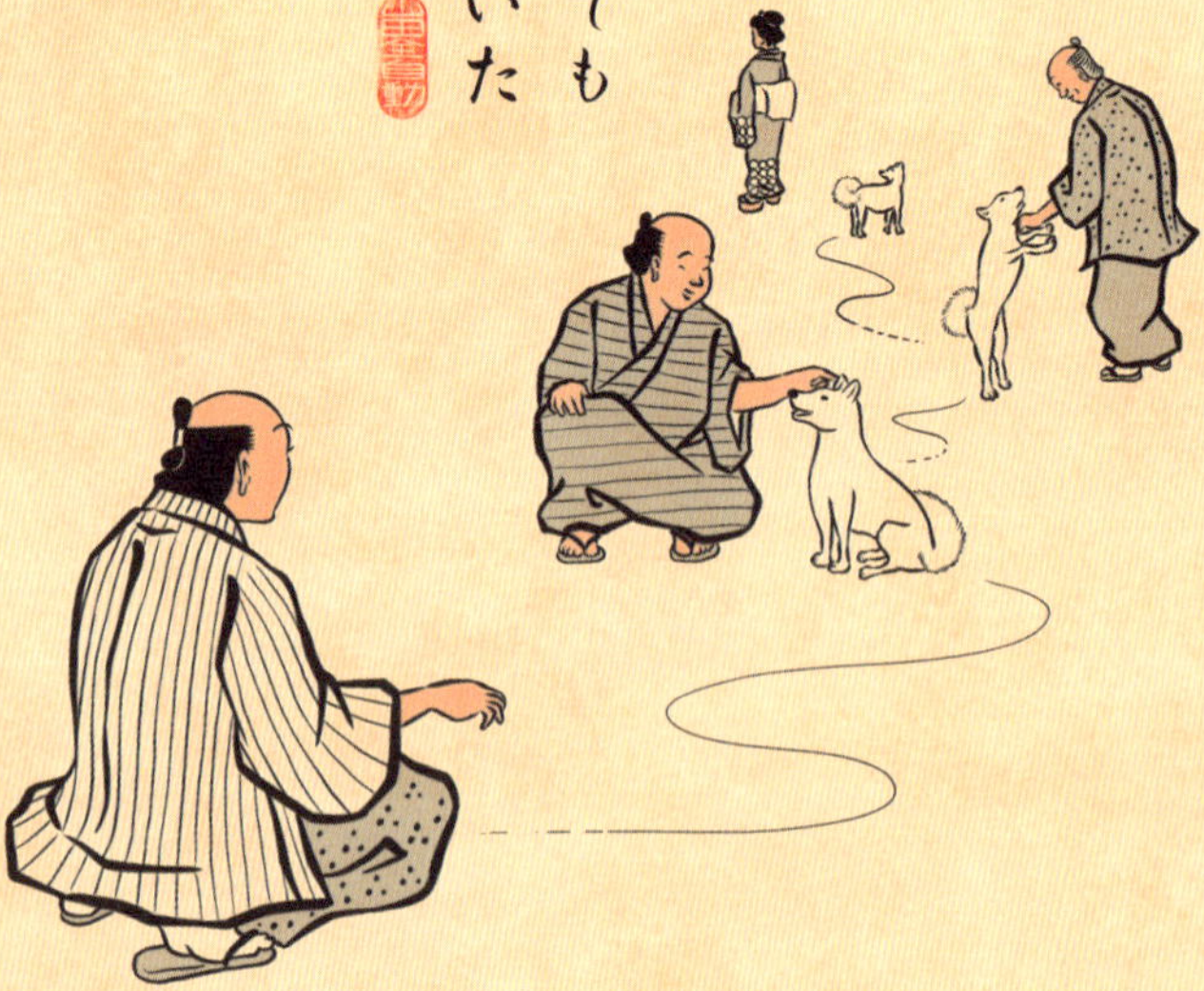

誰でもよかったのでござるね…

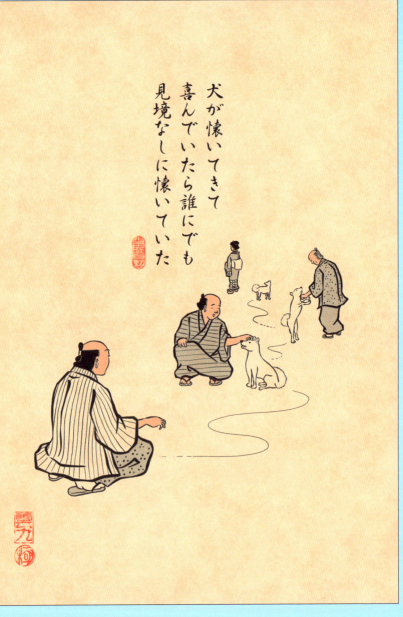

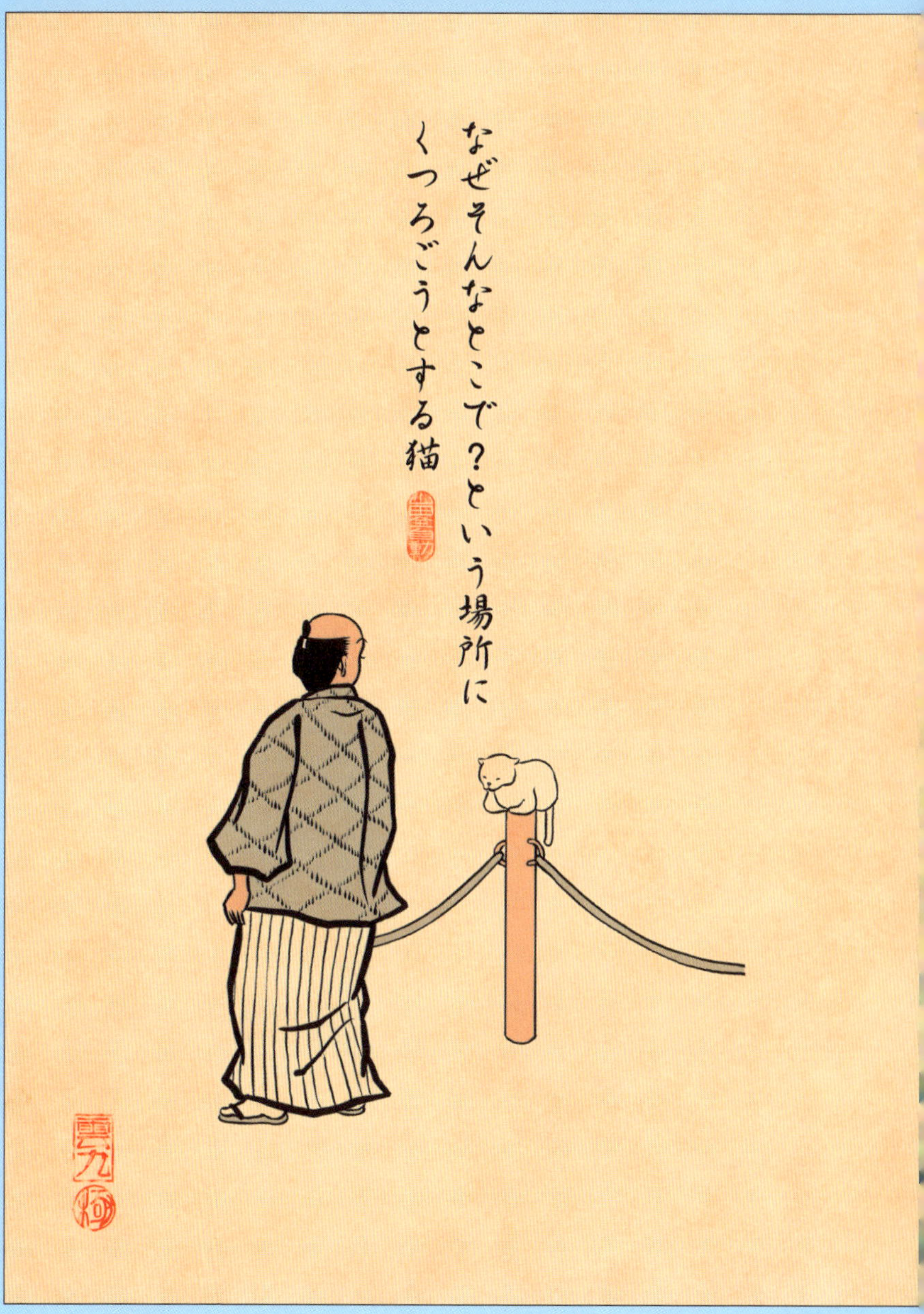
なぜそんなとこで？という場所に
くつろごうとする猫

もっとリラックスできる場所があるはずでござる

誕生日を祝われている犬の
何も分かっていなさ

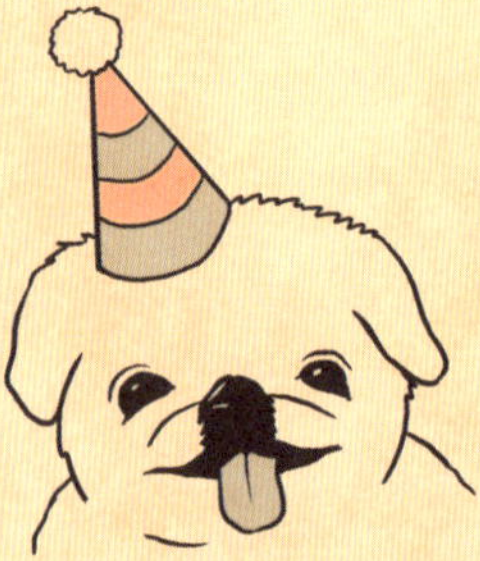

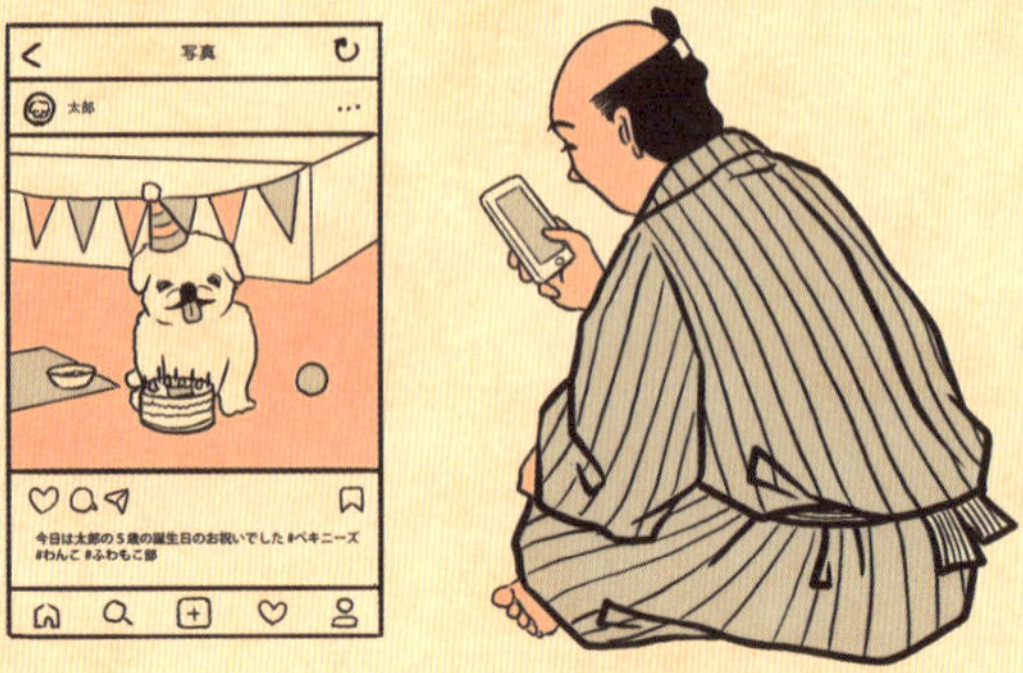

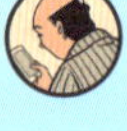

何がなんだか分かってない感じがカワイイでござる〜

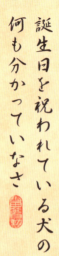

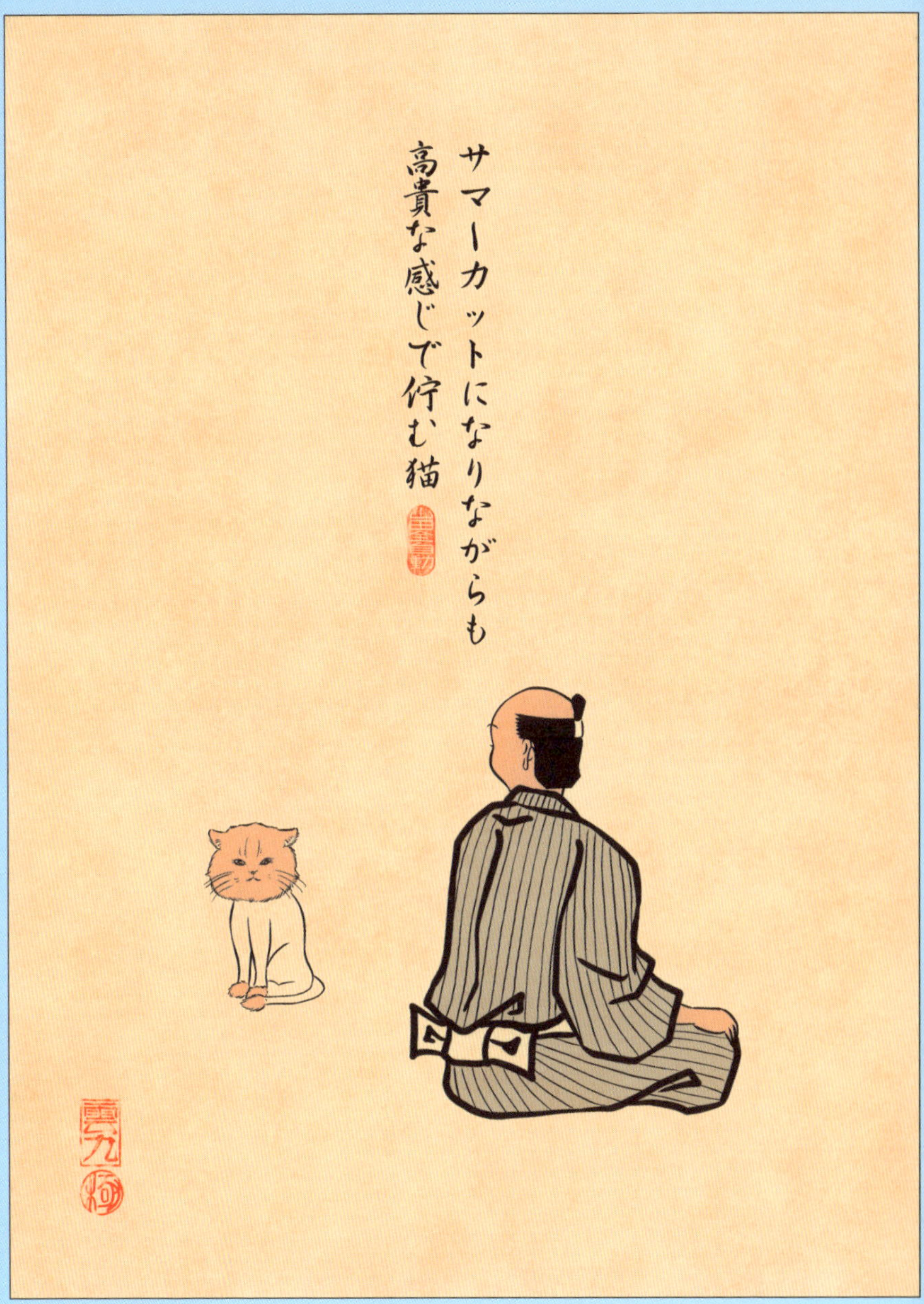
サマーカットになりながらも
高貴な感じで佇む猫

すごい格好になってるでござるぞ

無理やり変な服を
着させられている犬を見て
いたたまれなくなる

当の本人は状況をまったく理解してないでござる

鳩が近づいてきたのでパンを
分け与えたが一ミリの反応も
示さなかった

そっと拾ってゴミ箱へ捨てたでござる

躍動感あふれる
写真しか撮れない

カメラを向けると余計に動き出すでござる

下品な言葉を仕込まれている
九官鳥を見た時の切なさ

意味もわからず連発してるでござる…

オモチャ本体よりも
箱のほうに興味津々

そんな感じの箱なら家にいくらでもあるでござる

犬の10歳は人間でいうと50歳を
想像してみた時の衝撃

管理職ぐらいの年齢だったでござる

第五章　SNSあるあるで候

二年ぐらい前の投稿に突然
「いいね！」をされたときの
「見られてる感」

覗かれてる感覚でござる

二日目にして
ブログに書くことが
何もない

会社に行って帰ってきただけの一日でござる

他人が撮影した風に
自分で撮影した写真を
プロフィールに設定

いつの間にか撮られてた感じを演出するでござる

自分だけ無料のスタンプで劣等感

なんとなくやる気ない感じに思われそうでござる

「共通の友達」に頻繁に出てくる
やたらと顔の広いやつ

絶対につながらないだろうという人の所にも出現するでござる

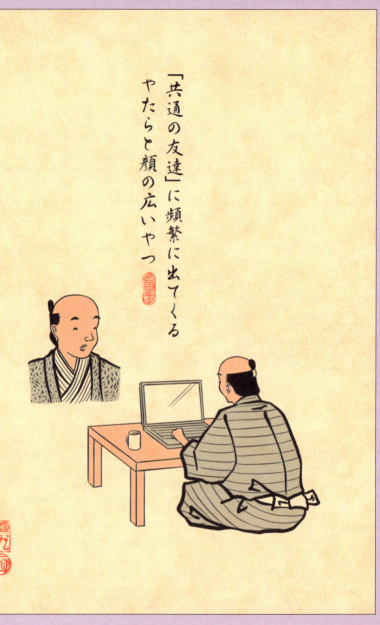

古墳の前で楽しそうに写真を
撮ったけど冷静に考えたら
古墳はお墓だった・・・

少し怖くなってきたでござる

読んでたらセンス良さそうに
見える本をさりげなく
紛れ込ませる

たまたま写ったみたいに仕込むでござる

フェイスブックのコメント欄が
投稿した内容と全然違う
話で盛り上がっている

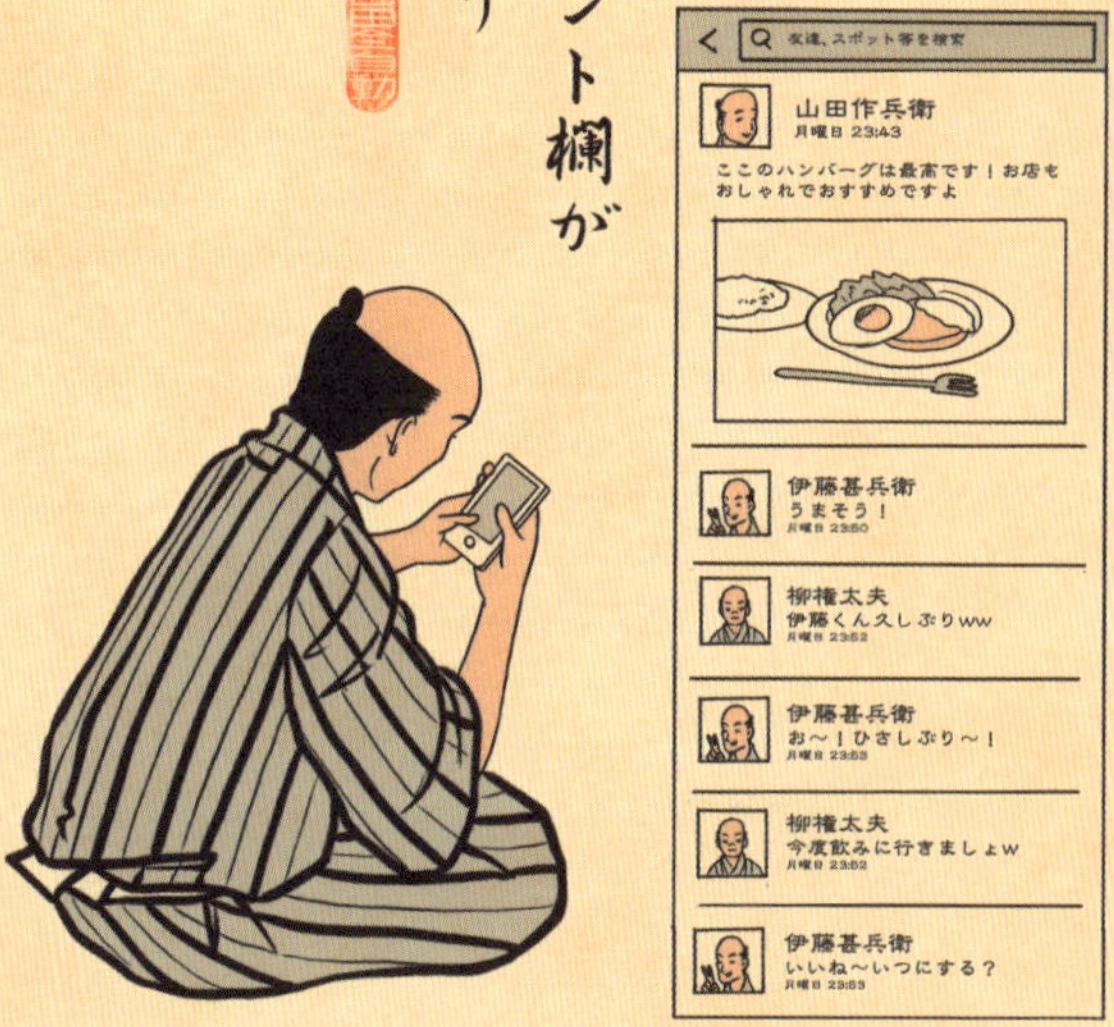

飲み会の計画が始まったでござる

スマホで写真を撮ろうとしたら
動画だった

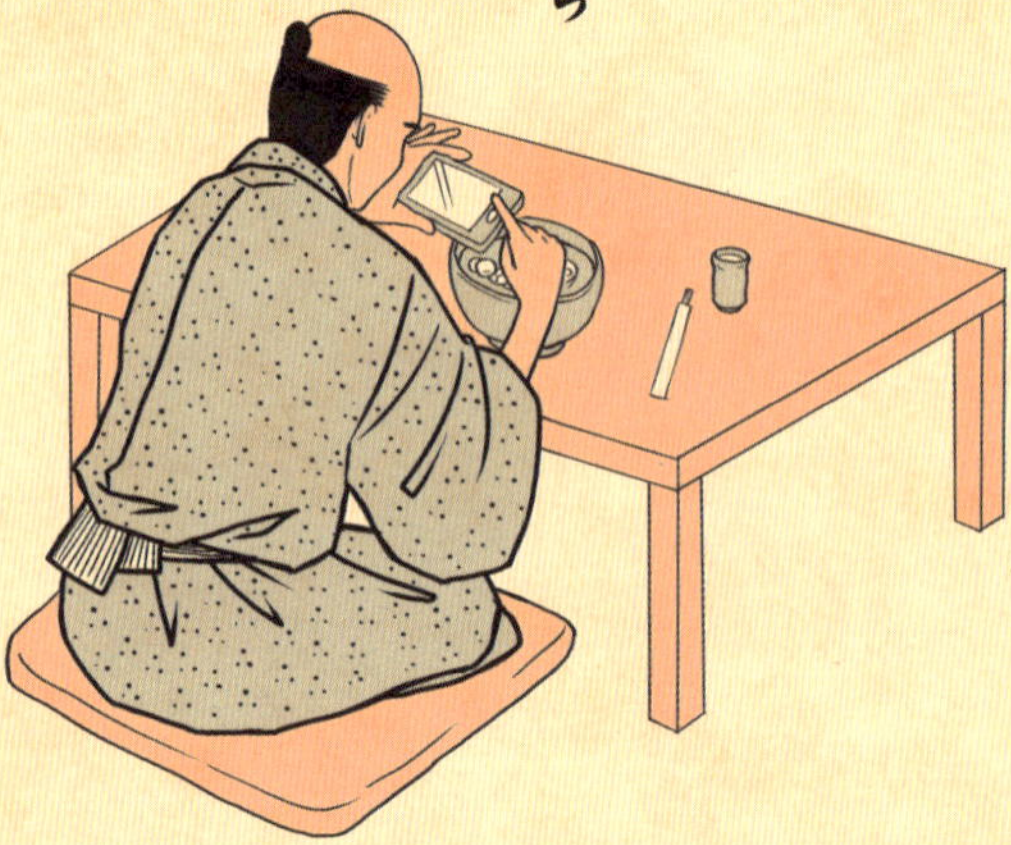

全く動かないそばの動画を撮影してたでござる

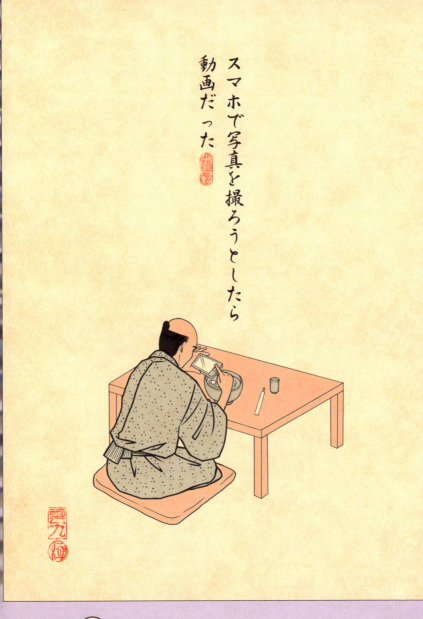

ウトウトしながら
フェイスブックを見ていたら
間違えて全然知らない人に
友達申請していた

申請された方も困っていると思うでござる

第六章　とらべるあるあるで候

シートを一気に倒さず
三十分ぐらいかけて
ジワジワと理想的な角度に
持っていくスリル

もはや職人技でござる

旅行先で天気予報を見た時の
地図の違和感

いつも見慣れた天気図と違うでござる

車内ガラガラなのになぜ
わざわざ真正面に座るのか

落ち着かないでござる

ホテルの歯ブラシが
全然磨いた気がしない

貧弱でござる

電車にギリギリ乗れなかった人の「何事も無かった」感

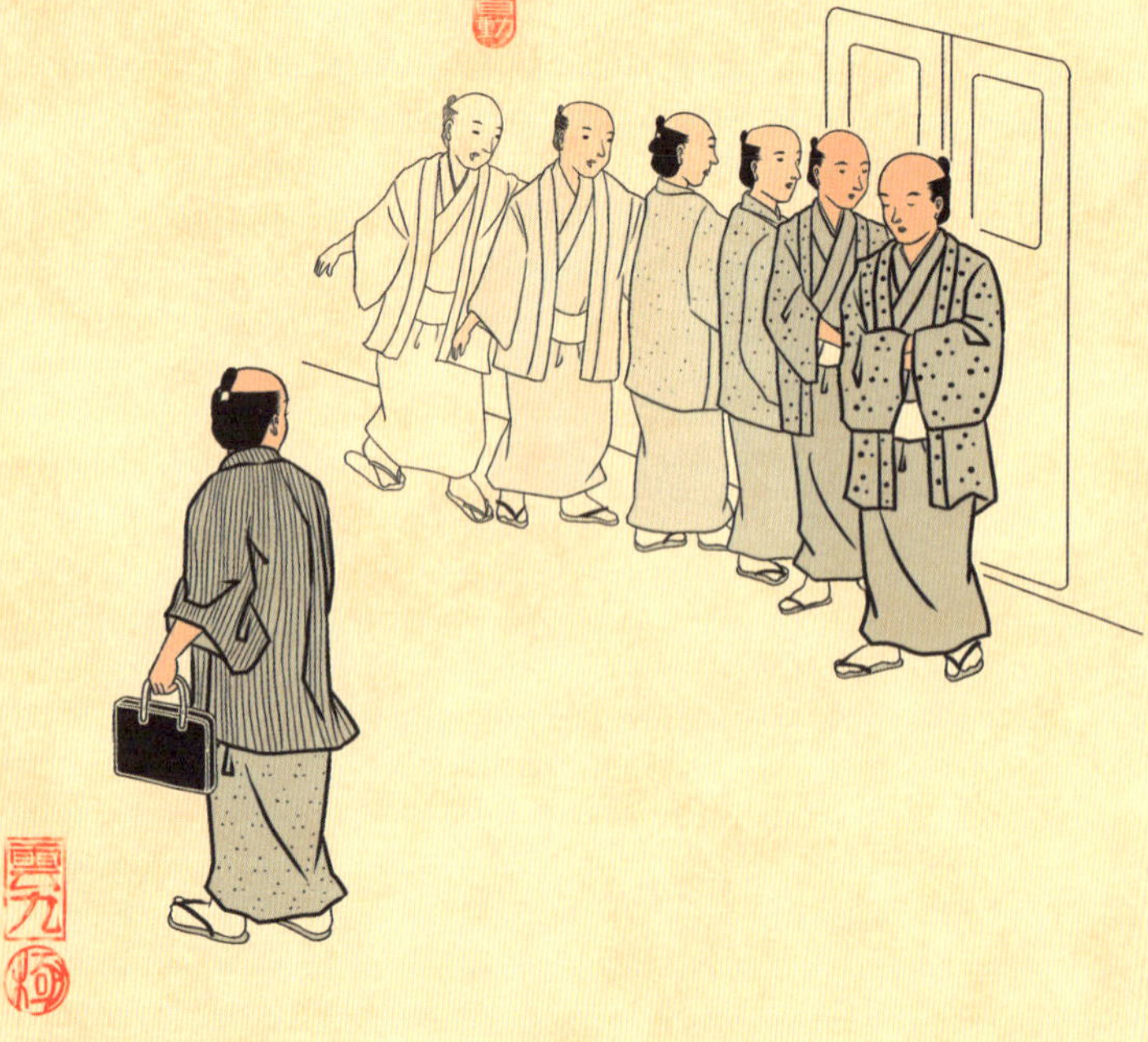

内心焦っているはずでござる

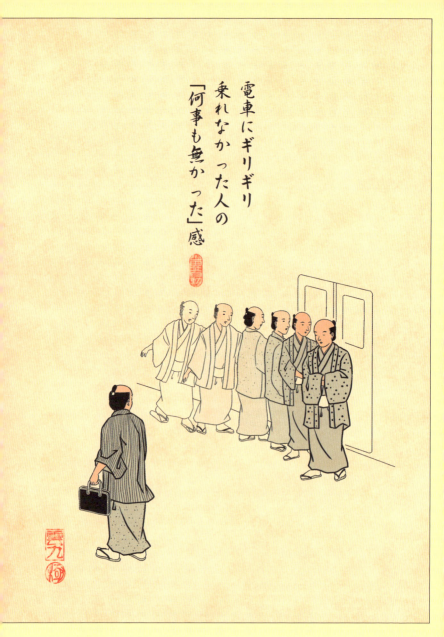

東京に行った時の
ご当地交通系ICカードに
対するコンプレックス
「はやかけん」で支払い
お願いします…

「え？」と言われたでござる

寝過ごしてしまって
内心焦っているが
当たり前みたいな顔して
全然知らない駅で降車

武士のプライドでござる

飛行機で読もうと
思っていた雑誌を離陸前に
読み終えてしまう

窓の外を見る以外やることないでござる

満席なのに自分の横だけ
誰も座らず不安になる

危ない人に見えてるでござるか？

全然眠れなかったのに
到着直前に急激な眠気が
来る不思議さ

危うく乗りすごすところだったでござる

VR

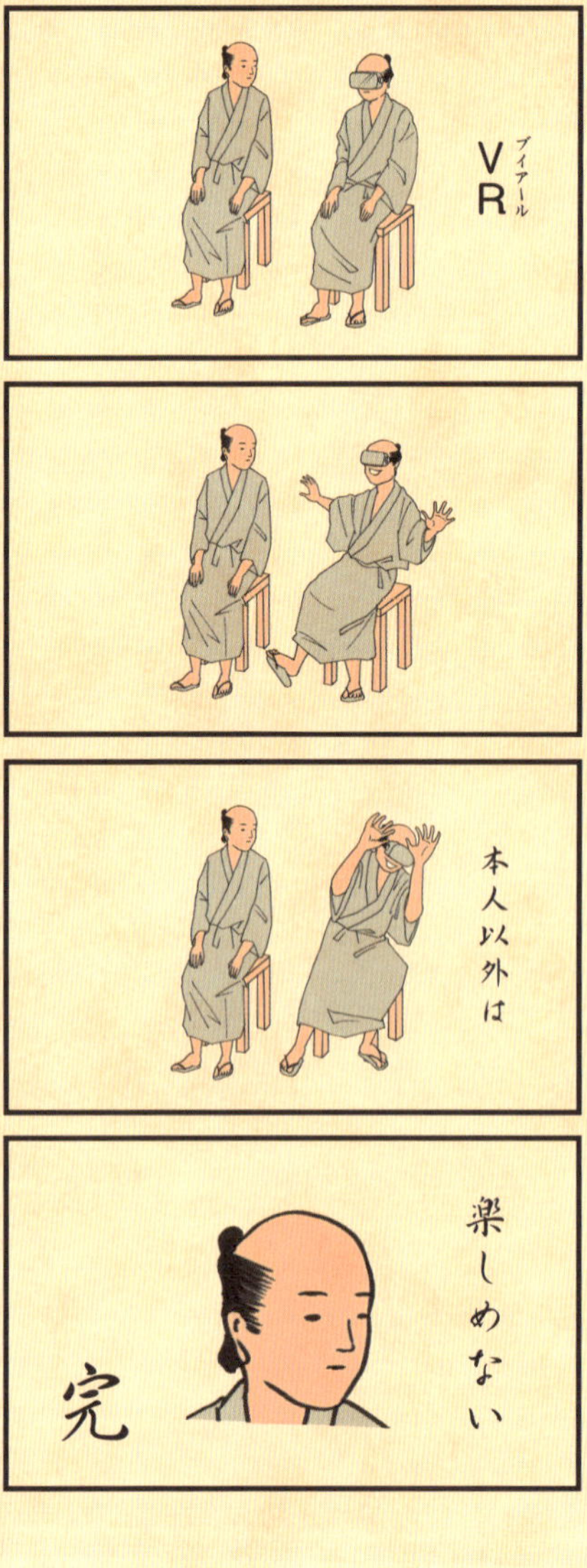

第七章　ふーどあるあるで候

試食を本当は食べたいのに
「別に欲しくないけど」感を出す

そんなに勧めるなら仕方なく食べるか…みたいな雰囲気出すでござる

カチカチになった
ご飯粒は凶器

忍者のマキビシのようでござる

ラーメン屋の人は
なぜ腕を組んで
写真に写るのか

そして黒いTシャツにタオルのはちまきでござる

ガラスのコップで
味噌汁を飲むマズさ

容器が変わっただけなのに不思議でござる

八宝菜のうずらの卵を
最後まで大切に残しておく

貴重でござる

長生きしたいなら
リンゴを食べなさい

バナナは体を
キレイにする

みかんは体の薬

もう何を食べても
健康になれる気がしてきた

コーヒー一杯で
寿命が三日伸びる

トマトは救世主

チョコレート健康法

結局何かしら体に良いでござる

朝からケーキを食べると
罪悪感があるが甘いパンなら
朝食だと言える不思議さ

ほぼケーキみたいなのもあるでござる

アサリの中にカニが
入っていて得した気分

でも特に味はしないでござる

「田舎風」とつければ
多少まずくても
許される風潮

「田舎風」は最強の免罪符でござる

横並びの席で
全然知らないおじさんの
コーヒーを飲んでしまった

間違っといて言うのも何だけど、ちょっとオエッとなったでござる

第八章　みゅーじっくあるあるで候

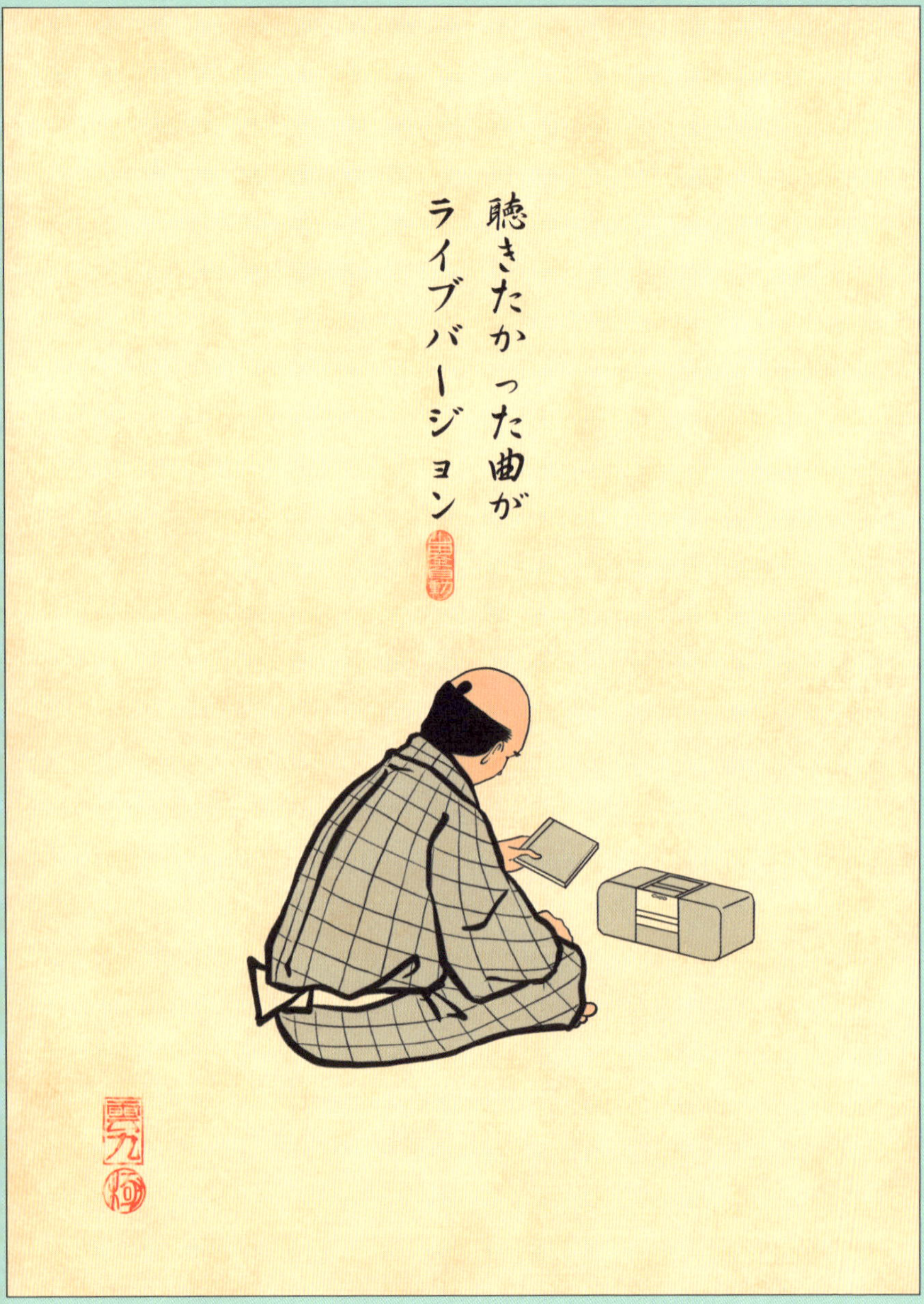
聴きたかった曲が
ライブバージョン

通常バージョンでいいのにでござる

Fが無理だと悟ったので
Fを使ってない曲を探す

あのコードはどう考えても無理でござる

貸したCDの盤面が
指紋だらけになって
返ってきた時の怒り

躊躇なく盤面を触ってる感じでござる

無理やり
歌わせておいて
聞かない

全員自分の選曲に夢中でござる

初回限定盤が置き場所に困る

意外とデカくてラックに収まらないでござる

硬派な印象のアーティストの
ツイッターが意外と
2ちゃんねるっぽい口調だった

俺氏ボッチなんだがwww

クッソワロタwww

ちょwおまwww

イメージ崩れるでござる

ザ・ブルーハーツは
「さ」のコーナーにあるのか
「ふ」のコーナーにあるのか

「The」がつくバンドはややこしいでござる

なんで高速のパーキングで
このCDを買ったんだろう

結局ほぼ聞いてないでござる（90年代ベストヒット）

ギターは諦めたが
コードを押さえなくていい
ベースならいけるのではと
考えはじめる

最悪ドラムでも良いでござる

ジャスティンビーバーに憧れて
フードをかぶってみたが
完全にねずみ男

ビーバーじゃなくネズミになったでござる

第九章　ふぁっしょんあるあるで候

ニットキャップを
生まれて初めて
かぶっていった日の
緊張感

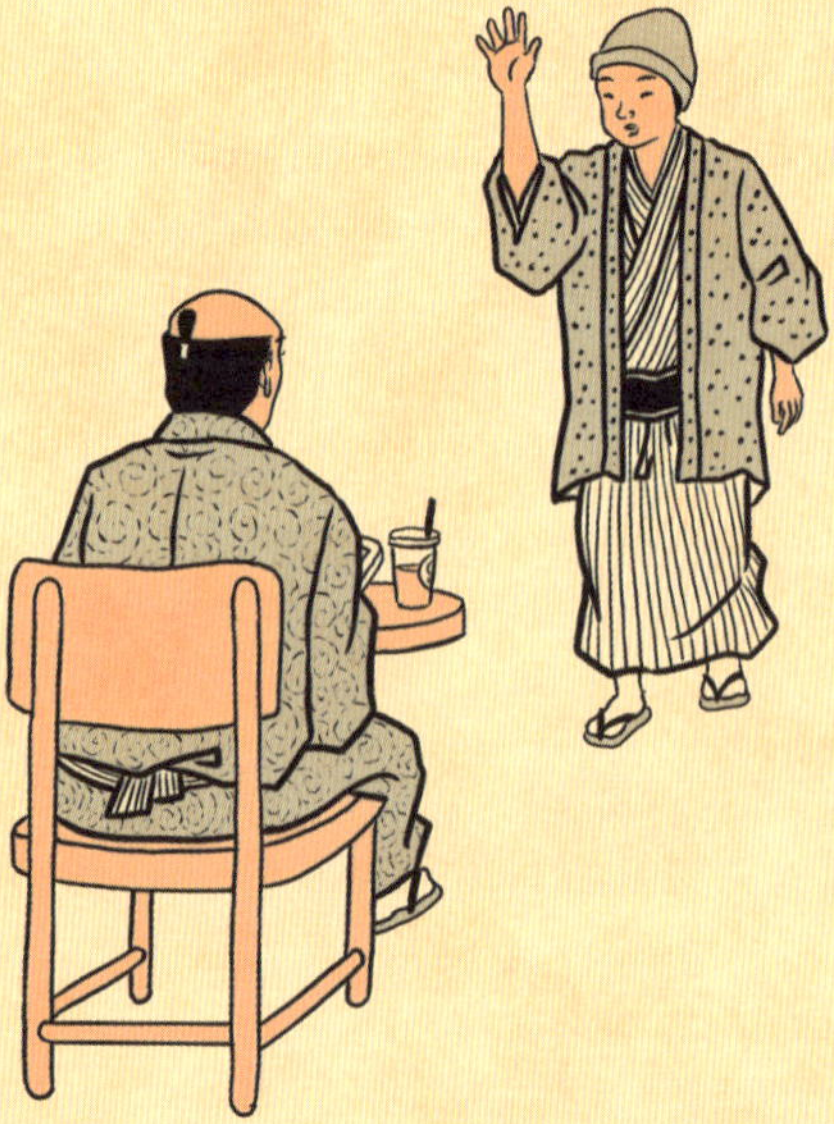

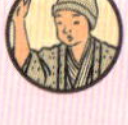

平静を装っているけれど内心ドキドキでござる

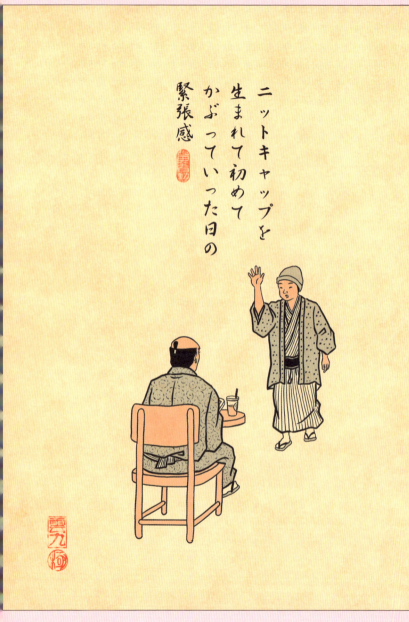

「最初は痛いけどだんだん
馴染んできますよ」が
馴染まなかった時の苛立ち

話が違うでござる

よくわからずに
チェ・ゲバラの服を
着ているおじいちゃん

孫のお下がりでござるか？

サイズ表記のシールを
貼ったままだったことに
帰ってから気づく

なぜ気づかなかったのか不思議でござる

ズボンの縫い目がベストな
位置じゃない時の眠れなさ

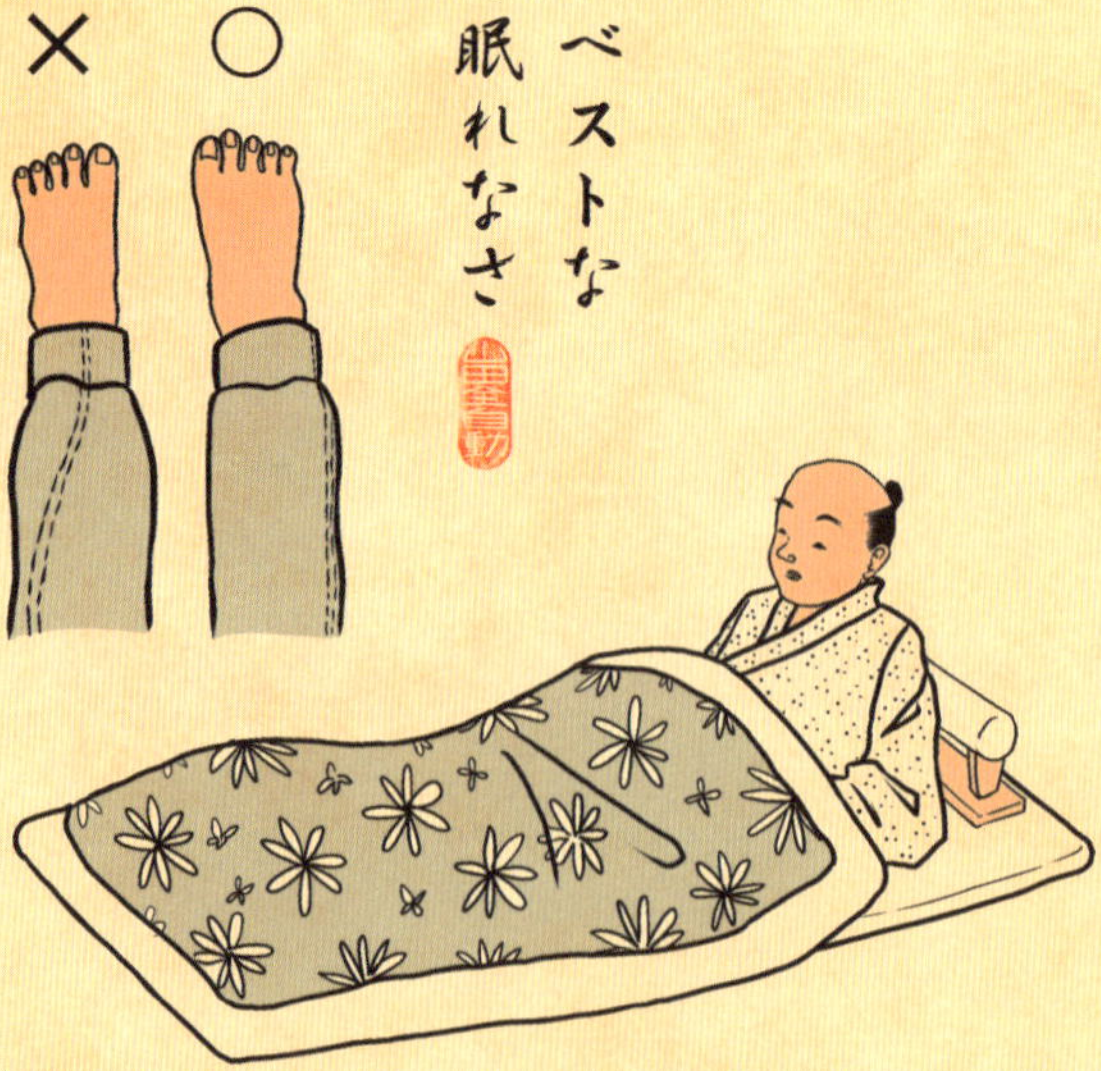

縫い目が変な位置にあると気持ち悪いでござる

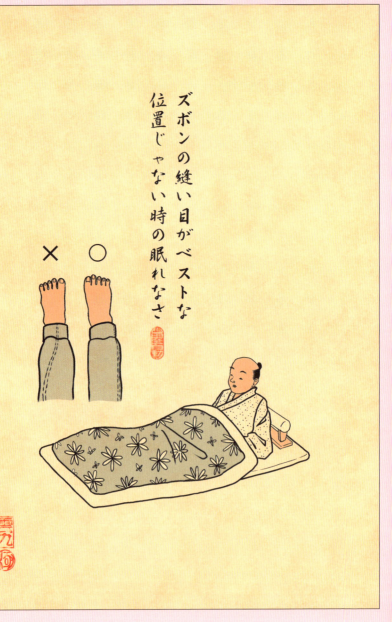

コンパとかどうでもいいと
言っていたやつが明らかに
意識した服であらわれた

蹴鞠でもするでござるか？

日焼け対策が凄すぎて
もはやスズメバチ駆除

業者でござるか？

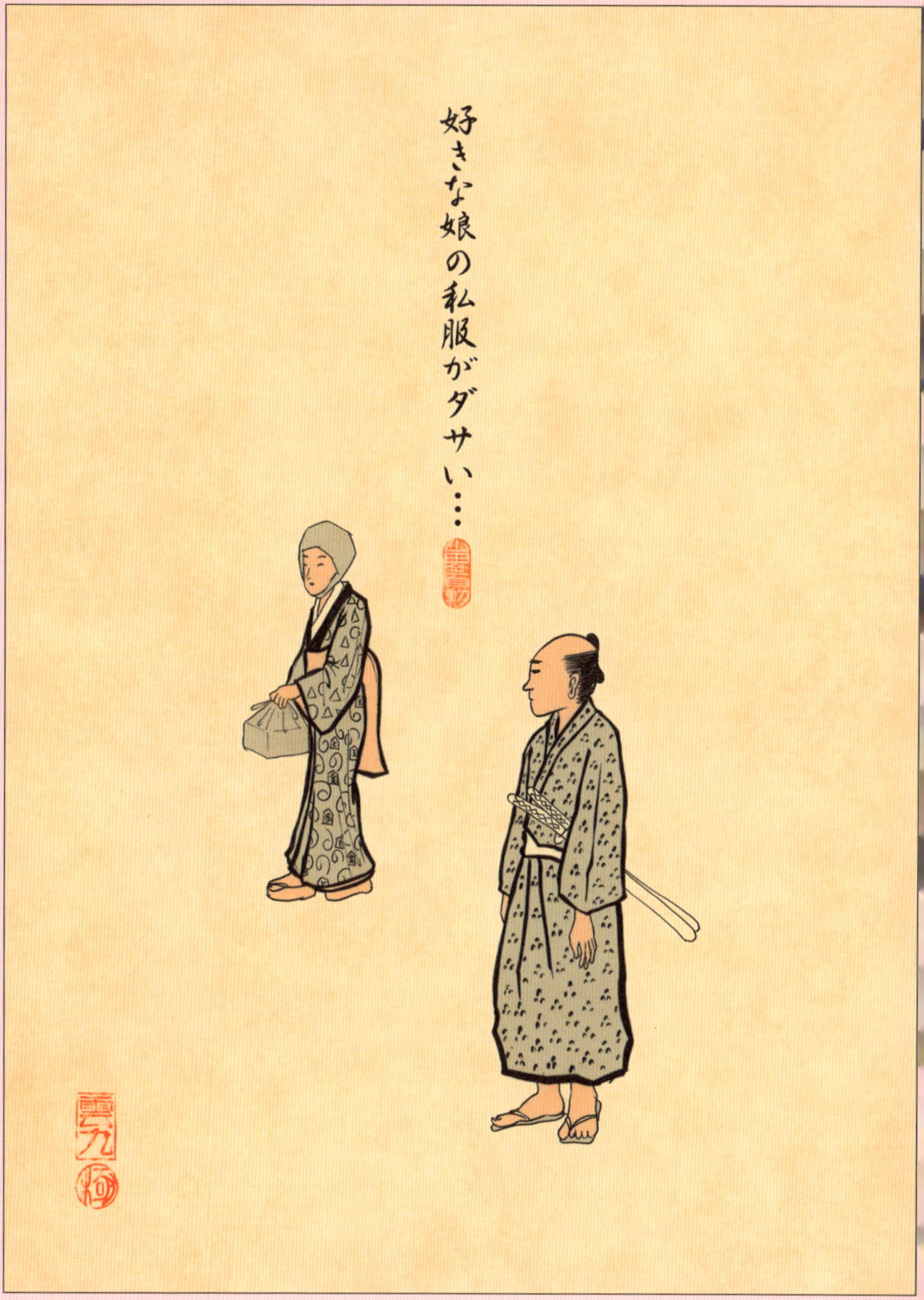
好きな娘の私服がダサい…

知りたくなかった事実でござる…

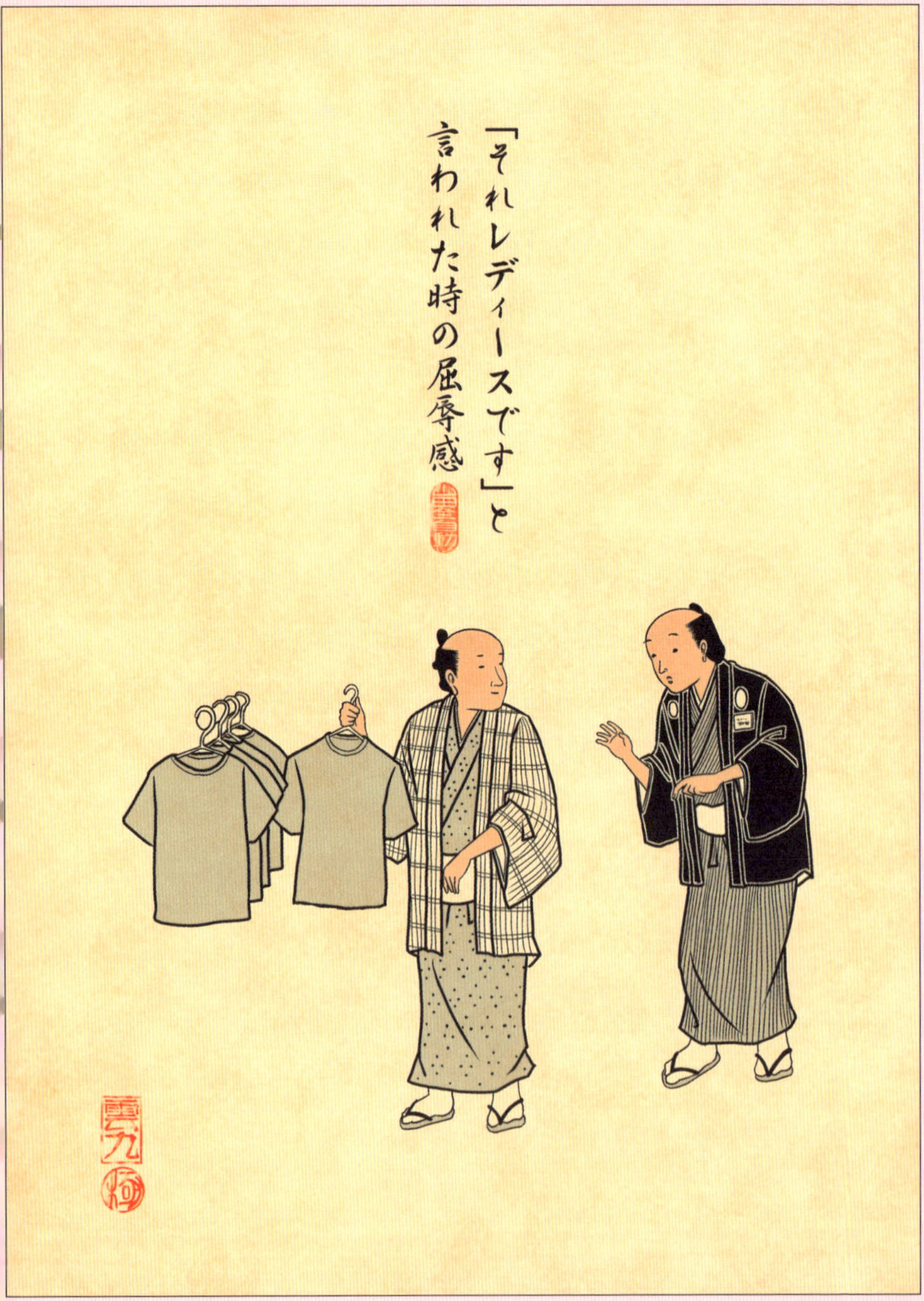
「それレディースです」と
言われた時の屈辱感

プ、プレゼント用でござる

細めのチノパンが
一瞬何も履いてない
みたいに見えた

まぎらわしいでござる

ボツネタの墓場

ネタ帳に記されていたもののやむなくボツになったネタが墓場から今よみがえる……

・コンビニで生活用品を正規料金で買う背徳感
・お惣菜コーナーに半額を期待して夜8時ごろ行ったら酢の物とかしか残っていなかった時の出遅れた感
・カステラの下の紙まで食べてしまった
・机の引き出しの奥から中途半端に集めた食玩が出てくる
・「社員研修のため休業します」の疑わしさ
・金欠で背に腹は変えられず非常食に手をつける
・合計金額が777になったレシートを見せられても……
・何のためらいもなく箸でケーキを食べるおばあちゃん
・なぜ佐賀県出身と言っただけで苦笑いされたのか
・蝶だと思って可愛いがっていたら蛾だった

第十章　せいしゅんあるあるで候

マーカーを引きすぎて
結局どこが重要だったのか
わからなくなる

マーカー部分の方が多いでござる

タイルを一マス一歩で
歩こうと心がける

大人になった今でもやってるでござる

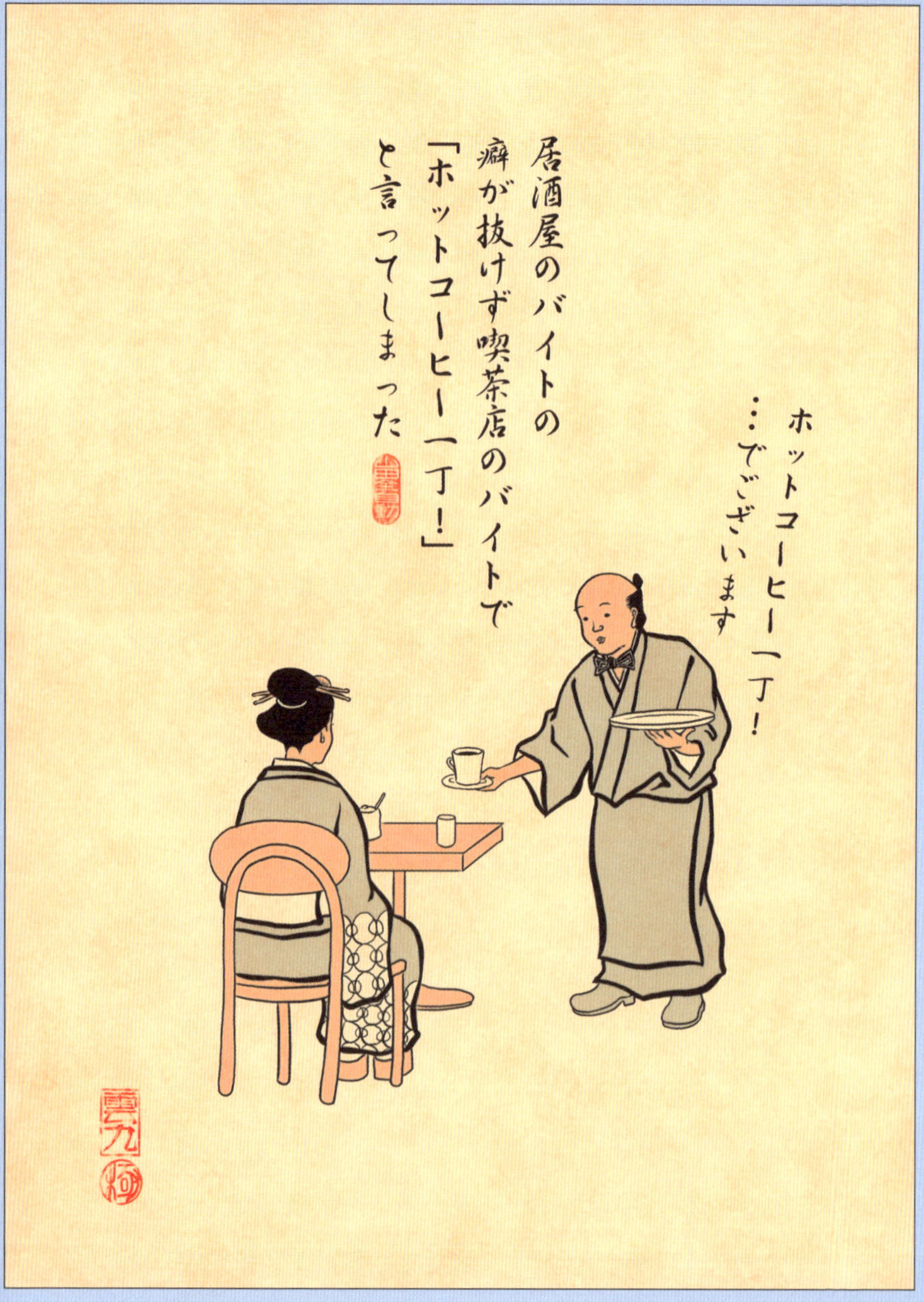

マスターを「大将」と呼んだこともあるでござる

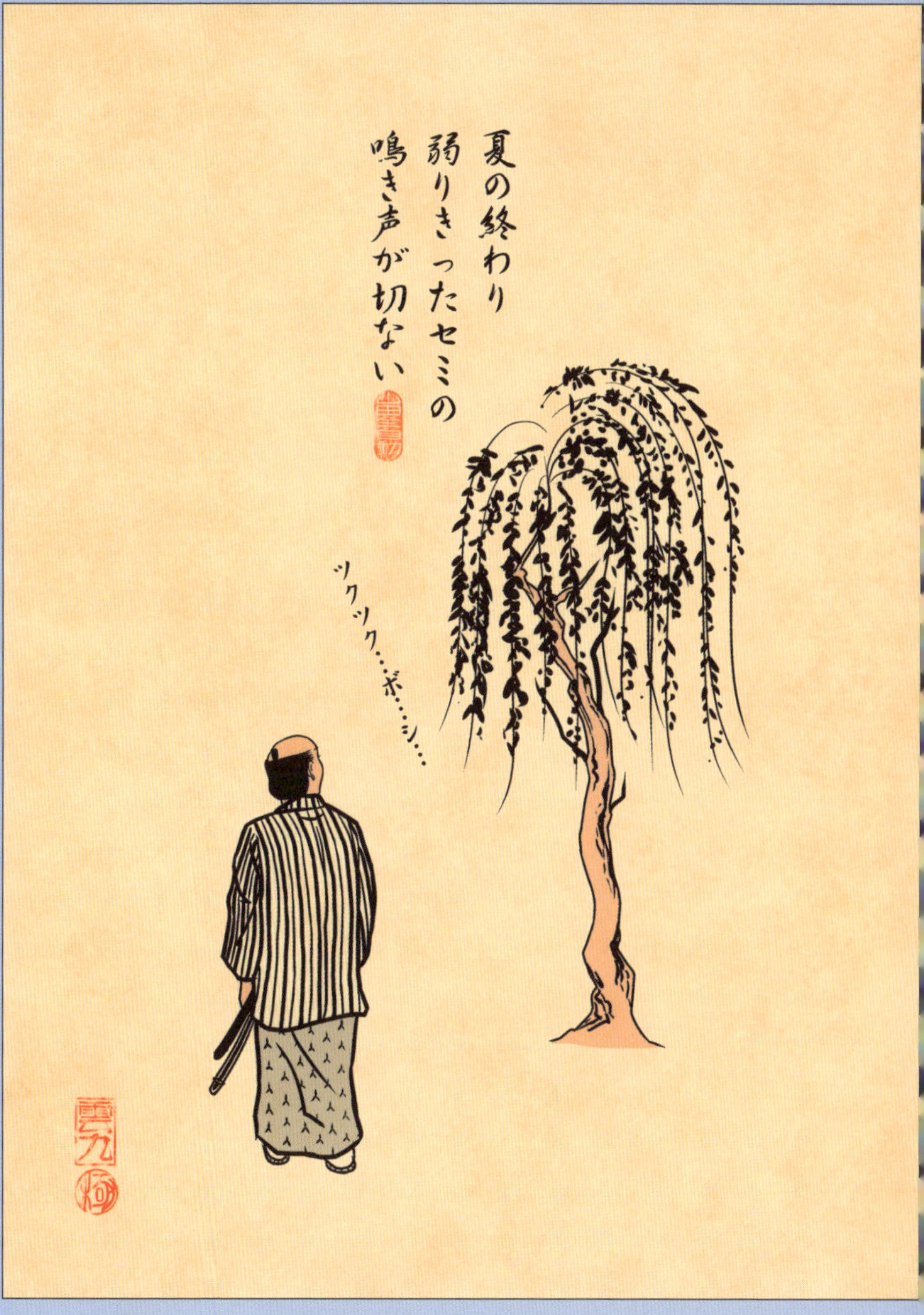

もう夏も終わりなんだなと感じるでござる

「実力テスト」は
本来の力を試すものだからと
一切勉強しないで挑み惨敗

自分の実力がよく分かったでござる

ソクラテスにハマってる
などと言っていた頃を
思い出してめまいがする

黒歴史でござる

ストップウォッチを十秒ピッタリで
止めれるかどうかで二時間は
盛り上がれた中学時代

なぜあんなに夢中になれたのか不思議でござる

芝生に寝転ぶということに
憧れてやってみたが
ビチョビチョになった

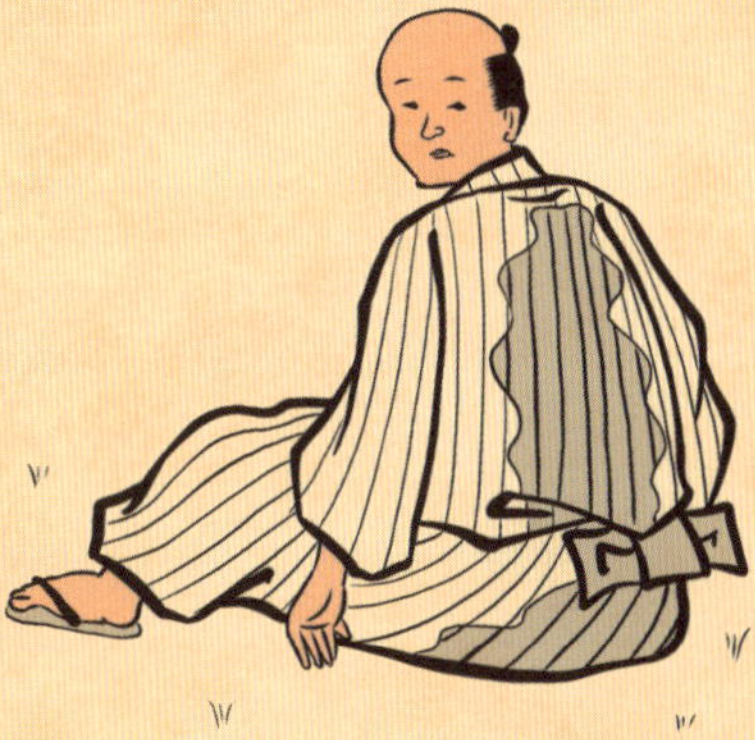

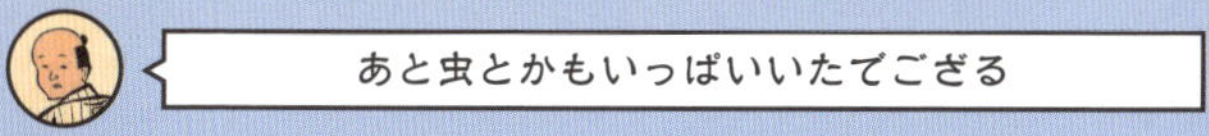
あと虫とかもいっぱいいたでござる

マークシートで
①ばかり続いて
不安になる

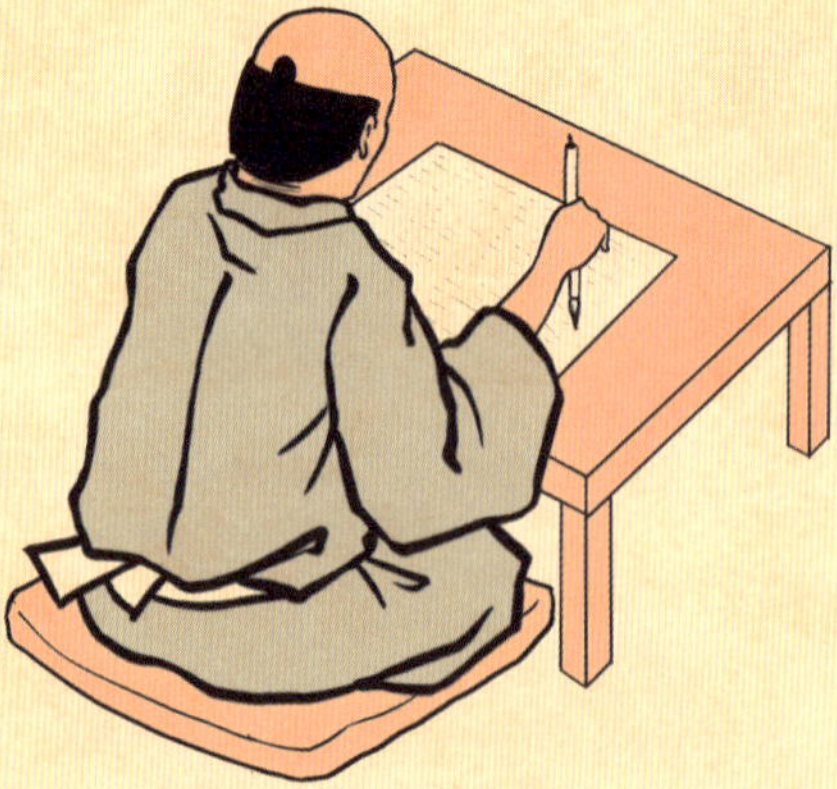

さすがに４回連続で①は不自然な気がするでござる

バイト初日の
帰るタイミングの
難しさ

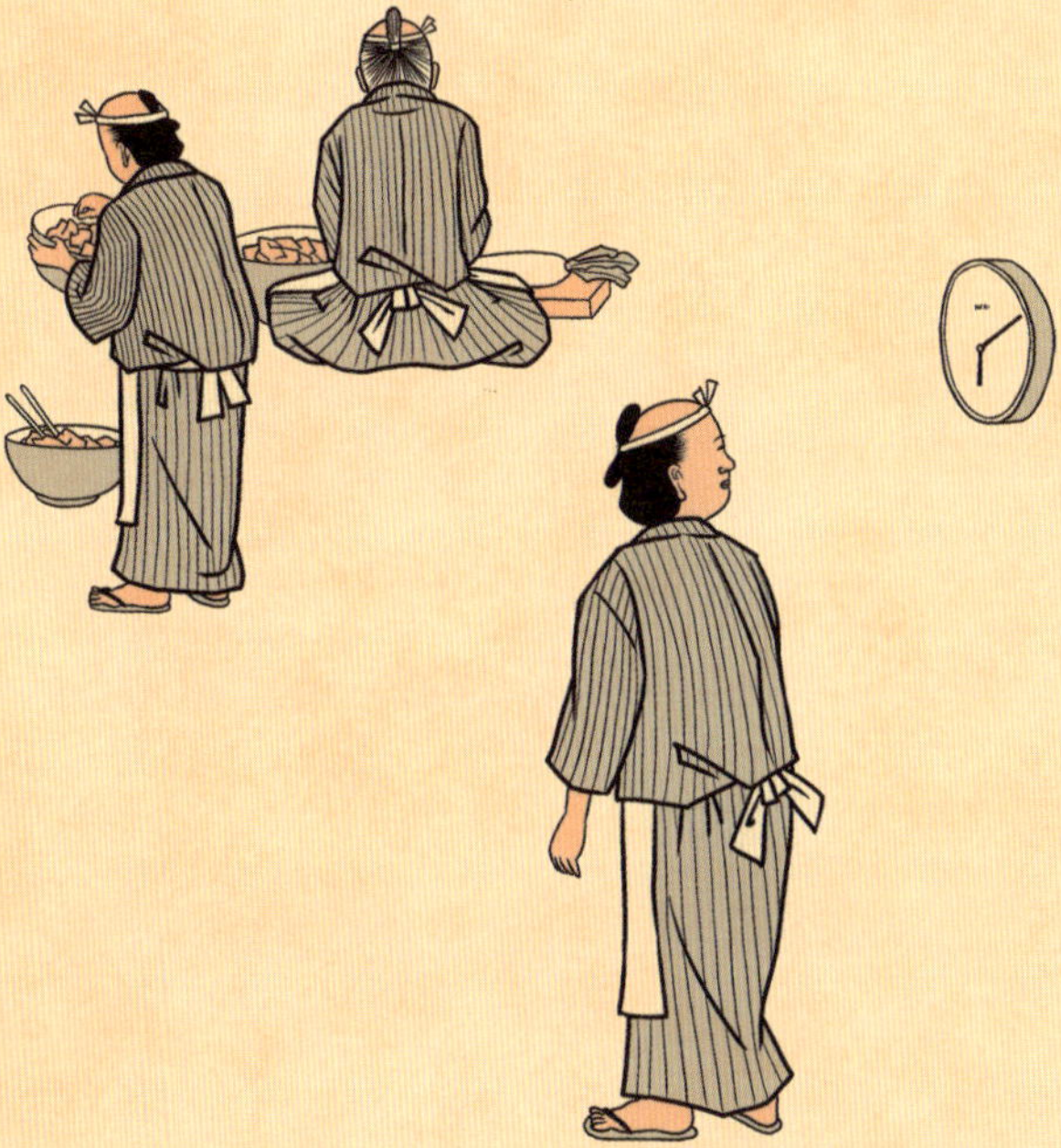

「上がっていいよ」の一言が欲しいでござる

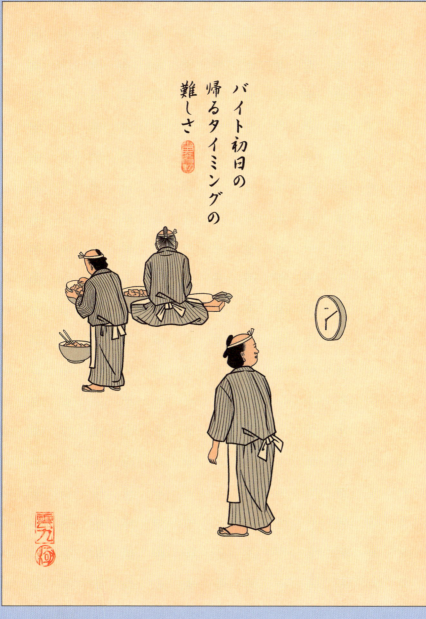

あとがきでござる

本には必ずと言っていいほど「あとがき」というものが存在しています。僕はこのあとがきがけっこう好きで、本を買うとまず最初に読むこともあるほど。あとがきは作者が本を作るにあたっての経緯、近況、ちょっとしたコラムみたいなものが書かれ、本人の〃人となり〃が出やすい部分です。それなので、あとがきを読むと作者との距離がぐっと縮まったような感じがして嬉しい気持ちになります。

あとがきは本編が終わった後に読む部分ですから、いわばピロートークのようなもの。ここで手を抜く人はあまり信用ならないし、ちょっと誠実さに欠ける気がします。もしも自分があとがきを書くことになったら、これはぜひ充実した文章に仕上げたい、そう常々考えていました。今日のあの出来事はあとがき向きだな、とか、この言葉はあとがきに書いたらカッコイイな、とか、本編の無いあとがきのネタをこっそりストックしていく日々。「本編も無いのにあとがきを妄想」、これは僕あるあるです。

そして今回、念願のあとがきを書くことになったのでありますが……まったく何を書いていいのかわからない！　あとがきというものは基本的に本編とうっすらつながっている必要があります。僕の作品の場合は何の脈略も無いわけですから、そこから自分が思い描いていたようなあとがきに持っていくことは非常に難しいということに気付かされました。

そんなわけで、大変唐突で恐縮ではありますが、このあとがきでは僕の現在の活動などについて紹介してみたいと思います。

まず僕が何者かということですが……自分でもあまりよく分かりません。デザイナーという肩書を名乗りＷＥＢデザインなどをしてはいますが、その他にもいろいろやっています。福岡にお住まいの方はもしかしたらチラッと見たことがあるかもしれませんが、「Y氏は暇人―福岡路上遺産―」というブログを運営していて、郷土史研究家のY氏として情報誌で文章を書いたりローカル番組に出たりしています。

山田全自動（やまだぜんじどう）としての活動は、スキルアップの一環で始めたイラストの練習がルーツになっています。もともとは普通に人物や風景のイラストを描いていたのですが、なんとなく浮世絵調で楽器を演奏するバンドの絵を描いてみたら予想外に評判が良く、それを見た人から「君はこっちの方向で伸ばしていったほうが良いと思う」とアドバイスをもらい、けっこう単純な僕はその言葉を真に受けてずっと浮世絵調を続けているという感じです。

ちなみに、僕の本名が山田孝之で俳優さんと同姓同名でややこしいので雅号として山田全自動を名乗っています。本気で俳優の山田孝之さんがやっていると間違える人が多かったので……。吉岡禅寺洞（よしおかぜんじどう）という明治～昭和初期に活躍した福岡の俳人がうちの近所の出身なので、その方にあやかって「ぜんじどう＝全自動」としました。
　そんな山田全自動の活動ですが、このたび本になるということで、いまだイラストの練習中と思っている自分としては恥ずかしいような嬉しいような複雑な心境であります。素振りしてたらそこに玉が飛んできて勝手にヒットになったみたいな。知人だけに向けて発信していたものが、今では10万人を超すフォロワーさんに見てもらえるようになり、しかも本にまでなるとは、頑張って素振りしててよかったなという気持ちです。自分がホームランを打てるタイプとは到底思えないので、今と変わらず素振りを続け、素振りのフォームだけは日本で一番上手い的なポジションを目指していきたいと思います。

山田全自動

ブックデザイン　市原シゲユキ(SUPER MIX)
編　集　　　　望月展子
協　力　　　　横井秀忠

山田全自動でござる

2017年9月10日　第一刷発行

著　者　　山田全自動

発行人　　木本 敬巳

発行・発売　ぴあ株式会社

〒150-0011
東京都渋谷区東1-2-20　渋谷ファーストタワー
編集／03(5774)5262
販売／03(5774)5248

印刷・製本　株式会社シナノ パブリッシング プレス

ISBN978-4-8356-3832-4